論語

논어
김영민 새 번역

2025년 11월 24일 초판 1쇄 인쇄
2025년 12월 10일 초판 1쇄 펴냄

옮긴이	김영민
책임편집	엄귀영
편집	김친회 성지현 박훈 김찬호
경영지원	나연희 주광근 오민정 김수아
마케팅	윤영채 정하연 안은지 염승연
디자인	이수경
본문 조판	민들레
인쇄	영신사
펴낸이	윤철호
펴낸곳	(주)사회평론아카데미
등록번호	2013-000247(2013년 8월 23일)
전화	02-326-1182
주소	서울시 마포구 월드컵북로6길 56 사평빌딩
이메일	academy@sapyoung.com
홈페이지	www.sapyoung.com

ⓒ김영민, 2025

ISBN 979-11-6707-212-2 03140

사전 동의 없는 무단 전재 및 복제를 금합니다.
잘못 만들어진 책은 바꾸어 드립니다.

시회풀이

| 새발닥 |
| 만용을미 |

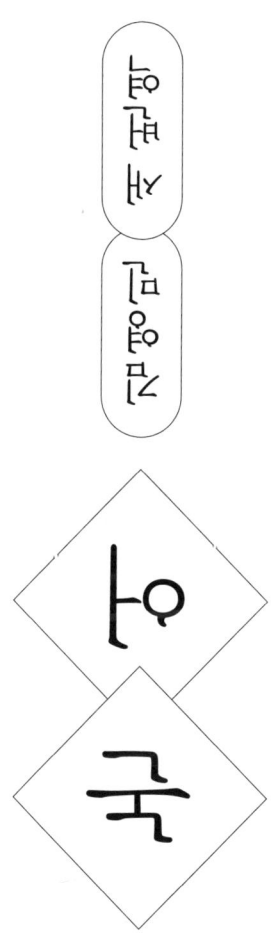

국 아

발간사

『논어』 연작을 펴내며

우리 사회에서 고전이 갖는 의미를 새롭게 하고자 『논어』 연작을 세상에 내어놓는다. 고전은 반드시 불변의 지혜를 담고 있는 책도 아니고, 반드시 고단한 삶을 위로하는 책도 아니다. 오늘날 고전은 오랜 시간 독자들과 함께했기에, 그리고 앞으로도 함께할 가능성이 높기에 권위를 갖게 된 책이다. 물론 고전을 읽으며 지혜를 얻을 수도 있고 위로를 얻을 수도 있다. 그러나 고전은 널리 오랫동안 읽혀왔다는 이유만으로도 중요하다. 반드시 소중한 지혜가 담겨 있기에 오랫동안 읽혀온 것은 아니다. 반드시 위로를 주기에 오랫동안 읽혀온 것도 아니다. 다양한 이유로 오랫동안 독자와 함께하며 권위를 갖게 된 책이 바로 고전이다.

『논어』의 경우도 마찬가지다. 지혜가 담겨 있기에 『논어』를 읽어야 하나? 글쎄, 시대와 장소를 초월하는 지혜가 『논어』에 담겨 있는지는 확실하지 않다. 그런 지혜에 목마른 사람은 『논어』에서 그런 지혜를 찾아낼 것이고, 목마르지 않은 사람은 찾아내지 못할 것이다. 위로를 얻기 위해 『논어』를 읽어야 하나? 글쎄, 지친 사람들을 어루만지는 메시지가 『논어』에 있는지는 확실하지 않다. 위로가 절실한 사람은 『논어』로부터 위로받을 것이고, 위로가 절실하지 않은 사람은 위로받지 않을 것이다. 다양한 이유로 사람들은 『논어』를 읽어왔고 앞으로도 읽어갈 것이다. 그런 점에서 『논어』는 이 사회의 고전이다.

오랫동안 많은 사람들이 읽으면, 그 내용은 그 사회를 지탱하는 언어가 된다. 『논어』 역시 오랫동안 널리 읽히면서 동아시아인의 생각과 대화를 위한 언어를 창조했다. 그것은 『논어』의 위대함 때문이라기보다는 많은 사람들이 읽어서이고, 많은 사람들이 읽음에 따라 앞으로도 동아시아인의 생각에 깊고 넓은 영향을 끼칠 것이다. 어차피 살다가 한번쯤 읽어야 하는 책이라면, 가능한 한 풍부하고 정교하게 읽어보자는 것이 이 『논어』 연작의 취지다. 그러기 위해 적어도 세 가지가 필요하다.

첫째, 문법이나 어법의 차원에서 오류가 적은 『논어』 번역이 필요하다. 둘째, 전문적인 연구가 뒷받침된 해석이 필요하다. 셋째, 『논어』의 구식 이미지들을 털어버리고, 감수성을 일신할 필요가 있다.

새로운 번역과 해석은 기존 번역자와 해석자들에게 달갑지 않을 수 있다. 그것은 기존 번역과 해석으로는 충분하지 않다는 뜻이기 때문이다. 이 『논어』 연작의 취지는 옛 번역과 해석이 쓸모없다고 선언하는 데 있지 않다. 새 번역과 해석이 완벽하다고 주장하는 데도 있지 않다. 그보다는 『논어』 번역과 해석이 앞으로 계속 나아질 수 있는 기틀을 만드는 데 관심이 있다. 수많은 『논어』 번역본이 출간되었지만, 기존 번역이 구체적으로 어떤 문제를 갖고 있는지 집중적이고 체계적으로 논한 책은 거의 없다. 대개 자신이 선호하는 번역과 해설을 제시하는 데 그친다. 그렇게 해서는 독자가 번역의 차이를 평가할 수 없고, 평가가 부재할 때 향후 번역과 해석이 나아지기를 기대할 수 없다. 『논어』 연작 가운데 『논어번역비평』은 기존 번역을 체계적으로 평가하고 대안적인 번역 방향을 제시하고자 하였다. 『논어번역비평』을 읽음으로써 독자가 기존 번역의 문제들을 판별하는 동시에 한문 문법을 요령 있게 습득할 수 있기를 희망한다.

기존 『논어』 해설은 중국의 주희나 한국의 정약용 같은 옛 학자들의 주석을 소개하는 것들이 대부분이다. 물론 『논어』에 대한 훌륭한 전통적 주석들이 많이 있다. 그러나 그 주석들을 소개하는 것만으로는 충분하지 않다. 한 세기 넘게

『논어』에 관한 현대적이고 전문적인 연구가 수행되어왔기 때문이다. 그 전문적인 연구는 현행『논어』한국어 번역본에 충분히 반영되지 않았다. 아니, 지나칠 정도로 반영되지 않았다. 오늘날 바람직한『논어』번역과 해설을 위해서는 한국어, 중국어, 일본어, 영어 등으로 축적된 전문 연구를 필요한 만큼 참고하고, 검토하고, 반영해야 한다. 그 점에 관한 한, 한국어『논어』번역본은 갈 길이 멀다.『논어』해설의 경우도 산발적인 입장 소개에 그칠 뿐, 논증의 형태로 주장을 개진한 경우는 많지 않다.『논어』연작 가운데『배움의 기쁨』은 학술논문의 형식을 통해 주석 전통을 잇는 한편, 기존 해석을 체계적으로 평가하고 대안적인 해석을 제시하고자 하였다.『배움의 기쁨』을 읽음으로써 독자는 기존 해석의 문제점을 판별하는 동시에 새로운 해석에 접할 수 있기를 희망한다.

이『논어』연작은 궁극적으로『논어』를 둘러싼 언어와 감수성을 갱신하기를 희망한다. 그와 같은 취지에서 이미『우리가 간신히 희망할 수 있는 것』(개정판『생각의 시체를 묻으러 왔다』)이라는 논어 에세이를 출간하였고, 이번에『논어란 무엇인가』라는 교양서를 출간한다.『논어』는 누구나 한번쯤은 읽어봐야 할 고전으로 여겨지지만, 동시에 시효가 지난 고답적인 옛날 책으로 간주되기도 한다. 그러는 것도 무리가 아니다. 이미 생명력을 잃은 언어로만 논어를 해설하는 책, 더 이상 울림이 없는 언어로『논어』를 풀이하는 책, 동어반복에 가까운 해설로 가득한 책, 낡은 편견을 반복하는 수단으로 『논어』를 들먹이는 책들이 넘쳐난다. 그런 경향에 반대하는 이는 『논어』가 여전히 살아 있음을 보여주고 싶어 무리한 주장을 펼치곤 한다. 그러다보면 자칫 수천 년 전 텍스트를 오늘날의 관심에 맞게 왜곡하거나 단순화하는 일이 벌어진다. 서구 문명의 폐해를 극복할 지혜를 가진 『논어』, 자본주의의 폐단을 극복할 지혜를 가진 『논어』, 인류의 미래를 열어줄 『논어』, 서양 고전보다 더 뛰어난 『논어』, 고단한 인생을 위로해줄 『논어』, 이런 식으로 포장된 『논어』가 과연 논어의 참모습일까?

현대의 관심사에 의해 과도하게 재단된 『논어』는 독자에게 새로운 내용을 전해주지 못한다. 잘해야 듣고 싶은 이야기를 들려줄 뿐이다. 『논어』가 처한 역사적 맥락을 충분히 고려했다면 독자에게 낯선 이야기를 전할 수도 있으련만, 이제 『논어』는 너무 현대적이어서 진부한 책이 되고 만다. 이 『논어』 연작은 『논어』를 충분히 역사적으로 바라봄으로써 『논어』에 대한 감수성을 갱신할 수 있다고 믿는다. 『논어』 성립기에 경쟁했던 다른 입장들을 고려함에 의해, 『논어』가 당연시하고 있는 전제들을 드러냄에 의해, 『논어』가 답이라면 문제는 무엇이었는지 물음을 통해, 성인이 되기 전 공자의 모습을 그려봄을 통해 『논어』의 역사적 맥락에 충실할 수 있기를 바란다. 좀 더 역사적이 됨으로써 좀 더 오늘날에 적실

한 텍스트로 거듭나는 아이러니, 그 아이러니를 구현하는 것이 이 『논어』 연작의 목표다.

이것이 곧 고대 중국에 『논어』를 가두어야 한다는 말은 아니다. 여러 곳을 돌아다녀보아야 자신이 사는 곳의 특징을 알게 되는 것처럼, 외국인을 만나보아야 한국인의 특징을 깨닫게 되는 것처럼, 물 밖으로 나와야 물을 제대로 보게 되는 것처럼 『논어』의 입장을 알기 위해서는 다른 입장들을 고려할 필요가 있고, 그 다른 입장들은 고대 중국에 국한될 필요가 없다. 『논어』의 세계를 조명하기 위해 고대 중국을 넘어서 유럽, 미국, 한국 등 그 어느 지적 전통이든 적절하기만 하다면 활용할 수 있다. 어쩌면 지금까지 해설은 충분히 『논어』를 벗어나지 못했기에 『논어』를 충분히 조명하지 못했는지 모른다. 『논어』를 벗어남으로써 『논어』에 더 충실해지는 아이러니, 그 아이러니를 구현하는 것이 이 『논어』 연작의 목표다.

이 『논어』 연작은 『논어』나 공자를 찬양하거나 비판하는 데는 관심이 없다. 인류를 위한 결정적인 지혜나 한국 사회를 밝혀줄 청사진을 그려내는 데도 관심이 없다. 누군가의 인생을 구제해줄 결정적인 지혜를 찾는 데도 관심이 없다. 그 대신에 나는 『논어』를 우리의 생각을 구성해온, 구성하고 있는, 구성해나갈 자원의 하나로 간주한다. 우리 곁을 떠나지 않는 『논어』라는 고전을 잘 가다듬어, 생각의 자원을 조금이라도 풍부히 하려는 것이 나의 소박한 목표다. 이 『논어』 연작을 읽으며 자기 삶을 구성하는 참고체계를 확장하고, 그 확장된 세계 속에서 자유로이 헤엄치는 모습이 이 글을 준비하는 내내 상상했던 독자의 모습이다.

이 『논어』 연작을 완간하기까지 실로 많은 이들의 도움을 받았다. 『논어』 연작을 기획하는 데 좋은 대화 파트너가 되어준 주일우 님, 자료 정리부터 교정·교열에 이르기까지 여러 가지 수고로운 작업을 함께 해준 박성운 님과 송지혜 님을 비롯한 조교들, 그리고 사회평론 여러 분들로부터 큰 도움을 받았기에 이 자리를 빌려 감사드린다. 끝으로, 나와 함께 『논어』를 읽었던 학생들을 기억한다.

2025년 가을
김영민

일러두기

1. 이 책은 사고전서본 주희 『논어집주』의 『논어』 원문을 저본으로 삼았다. 이 저본은 다른 판본보다 더 진실한 『논어』의 모습을 담고 있어서가 아니라, 오랜 시간 사람들에게 읽혀온 판본이기에 선택되었다. 『논어란 무엇인가』(사회평론아카데미, 2025)에서 밝혔듯, 『논어』는 공자의 생각을 정확하게 담고 있기에 중요한 것이 아니라, 오랫동안 읽혀왔고 또 읽혀갈 것이라는 예상 때문에 중요하다.
2. 『논어』 전편을 완역하되, 주석은 가능한 한 줄이고, 해설은 별도의 저서 『논어란 무엇인가』로 엮었다.
3. 원문의 표점부호는 특정 판본에 국한하지 않고 옮긴이의 판단에 따라 붙였다.
4. 편별로 편장篇章의 순서 번호를 넣어 쉽게 찾아볼 수 있도록 하였다. 각 편의 아라비아 숫자는 온점을 기준으로 앞은 편을 나타내고, 뒤는 각 편의 장을 나타낸다 (예: 「안연」편 17장 → 12.17).
5. 『논어』 당시의 문법에 맞게 번역하려고 노력했기에 기존 번역본들과는 다른 해석도 있다. 그에 대한 참고자료를 미주로 정리했다.
6. 인명人名·서명書名·지명地名 등 설명이 필요한 경우 처음 나오는 곳에 간단히 각주를 붙였다.
7. 번역문에서 [ ] 안의 문구는 내용 이해를 위해 옮긴이가 추가한 것이고, ( ) 안의 내용은 해당 단어에 대한 간단한 설명이다.
8. 제자가 공자에게 물을 때는 '여쭈었다'로, 공자가 말하거나 대답할 때는 '선생님께서 말씀하셨다'로 옮겼다. 그 밖에 대화 쌍방의 지위를 고려하여 존대나 반존대의 말로 옮겼다.
9. '인仁', '예禮', '사士', '광匡' 등 한 글자로 된 한자어를 제외하고는 원문에 해당 한자가 나올 경우 번역문에는 한자를 병기하지 않았다.

차례

발간사 5   서문 15   『논어』속 주요 인물 19

1. 학이 學而 29
2. 위정 爲政 37
3. 팔일 八佾 47
4. 이인 里仁 59
5. 공야장 公冶長 69
6. 옹야 雍也 83
7. 술이 述而 95
8. 태백 泰伯 109
9. 자한 子罕 119
10. 향당 鄕黨 133
11. 선진 先進 145
12. 안연 顔淵 159
13. 자로 子路 173
14. 헌문 憲問 187
15. 위령공 衛靈公 207
16. 계씨 季氏 223
17. 양화 陽貨 233
18. 미자 微子 247
19. 자장 子張 255
20. 요왈 堯曰 267

주 272   찾아보기 281

서문

『논어』 번역은 끊임없이 출간된다. 나의 『논어』 연작 중 하나인 『논어번역비평』(사회평론아카데미, 2025)에서 검토한 『논어』 번역서만 45종이다. 이처럼 『논어』 번역은 넘쳐나지만, 그중에서 문법적 규칙과 현대적 학술 연구를 충분히 고려한 번역은 많지 않다, 아니 드물다. 일반 독자들을 대상으로 한 고전 번역이라 해도, 엄밀한 문법적 규칙과 전문적 학술 연구에 기초해야 한다고 나는 믿는다. 따라서 이 『논어』 새 번역을 완성하기 전에 먼저 『논어』 번역과 관련된 문법과 해석의 쟁점을 정리하였다.

기존 『논어』 번역들에서 반복되는 문법적 쟁점들을 『논어번역비평』을 통해 체계화하여, 이 새 『논어』 번역에서는 같은 오류가 반복되지 않도록 최선을 다하였다. 『논어』 해석에 관계된 학술적 쟁점들은 『논어』 연작 가운데 『배움의 기쁨』(사회평론아카데미, 2025)에서 논의하고, 그 결과를 『논어』 새 번역에 반영하였다. 『배움의 기쁨』이 다루는 범위를 넘어서는 『논어』 번역 역시 전문적 학술 연구에 기반한 것이다. 그 결과, 기존 『논어』 번역과 사뭇 다른 새 번역이 탄생하게 되었다. 두드러질 정도로 다른 경우에는, 참조한 학술 논문이나 저서를 주석에 명시해놓았다.

『논어』를 새롭게 번역하는 과정에서 우리에게 익숙한 후대의 언어 용례가 아니라 『논어』 성립기의 언어 용례대로 원문을 번역하자고 시종일관 다짐했다. 여기서 『논어』 성립기란 춘추전국시대春秋戰國時代에서 한漢나라에 이르는 기간, 즉 통상적으로 고대 중국이라고 부르는 시기를 지칭한다. 『논어』가 공자의 말을 기록했다고는 하지만, 현행 『논어』는 공자 시후 수백 년에 걸친 전승 끝에 우리가 아는 모습을 갖추게 되었다. 즉 『논어』가 고대 문헌이라는 것은 분명하지만, 현행 『논어』를 이루는 문장들의 형성 시기는 같지 않다. 공자는 저술이 아니라 대화를 했고, 청자들이 그 말을 적어두거나 암송했고, 새로운 말들이 끼어들기도 했고, 그것을 다시 여러 세대에 걸쳐 편집했다. 그 편집의 최종 결과가 한나라 때 성립한 『논어』다. 현행 『논어』는 이처럼 오랜 기간의 언어 변화에 노출된 불균질한 텍스트다.

따라서 『논어』의 번역자는 특정 시기의 언어가 아니라 춘추전국시대부터 한나라에 이르는 상당히 긴 기간의 언어를 참고해야 한다. 이러한 언어적 제약 때문에 우리는 결코 『논어』의 정확한 의미를 확정할 수 없을 것이다. 그럼에도 고대 중국의 언어 용례를 참고함으로써 황당할 정도로 시대착오적인 왜곡이나 오역은 피할 수 있다. 고대 중국인들이 가지려야 가질 수 없었던 전제나 사고방식들을 배제하고, 『논어』

텍스트를 후대의 의미로 덧칠하지 않는 것만으로도 적지 않은 진전을 이룰 수 있다. 그와 같은 진전을 이루고자, 번역 과정에서 『논어』 성립기의 문헌 용례와 관련 연구들을 적극적으로 참고하였다. 그 참고 과정은 『논어』 연작의 다른 축인 『배움의 기쁨』에 실려 있다.

이 같은 노력에도 불구하고 이 『논어』 새 번역 역시 물론 완벽하지 않을 것이다. 번역의 목표는 초시대적으로 완벽한 번역을 생산하는 데 있지 않고, 해당 시대에 바람직한 번역을 산출하는 데 있다. 그 바람직한 번역마저도 움직이는 표적과 같다. 새롭게 발굴되는 자료와 누적되는 연구 성과를 반영하기 위해 『논어』 번역은 앞으로도 갱신되어나갈 것이다. 설령 새로운 자료나 연구 성과가 나타나지 않더라도, 현대 한국어의 변화에 발맞추기 위해 번역은 갱신될 것이다. 과거 『논어』 번역들이 그러했듯이, 이 『논어』 새 번역 역시 유한한 생명을 가질 것이다. 그 유한함 속에서 이 새 번역이 나름의 쓸모를 다하기를 기원한다.

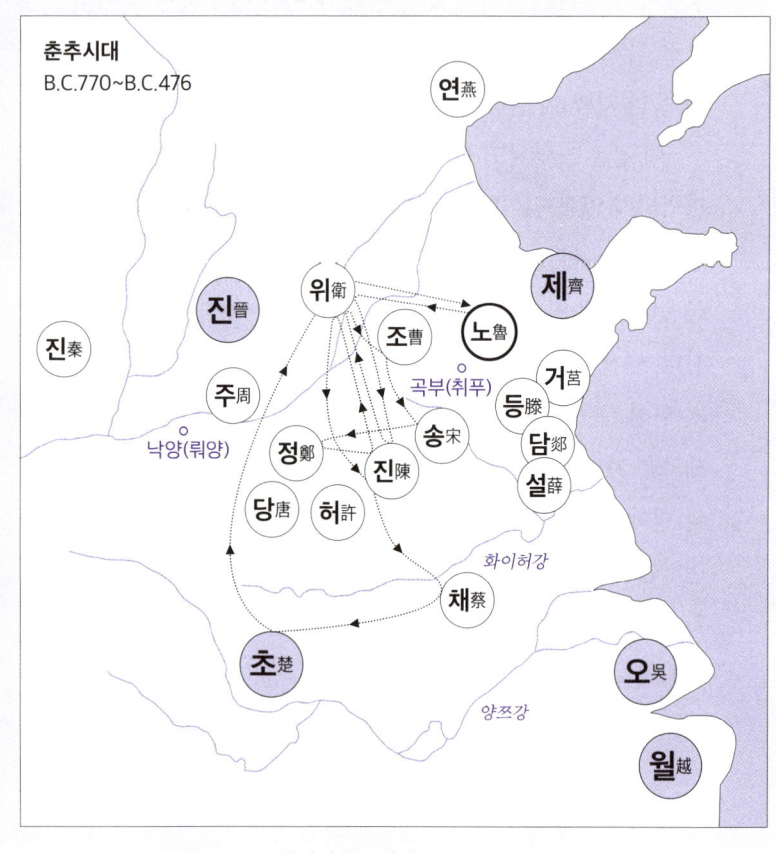

공자의 주유천하(周遊天下)

노(魯)→위(衛)→진(陳)→위(衛)→조(曹)→송(宋)→정(鄭)→진(陳)→위(衛)→진(陳)→채(蔡)→초(楚)→위(衛)→노(魯)

『논어』의 저자와 구성

『논어』는 공자라는 인물이 책상에 앉아 집중해 써내려간 한 권의 책이 아니다. 공자는 『논어』라는 책을 쓴 적이 없다. 『논어』는 후대에 편집된 책이다. 이 책의 편집자가 누구인지도 정확하게 알려진 바가 없다. 『논어』에는 겹치는 내용이 있고, 단락 간 흐름이 끊기기도 하고, 장마다 관계가 모호하다. 그러니 독자는 책 전체를 관통하는 일관된 체계를 발견하려고 『논어』를 읽을 필요는 없다. 『논어』는 그 시대의 쇼츠다.

『논어』는 모두 20편으로 이루어져 있고, 각 편 첫 문장의 두 글자를 따서 편명으로 삼고 있다. 예컨대, 첫 편인 학이(學而)는 '학이시습지불역열호(學而時習之不亦說乎)'에서 따 왔다. 따라서 『논어』의 내용은 첫 문장 '배움(學)'에서 시작해 마지막 문장의 '하늘의 뜻을 아는 것(知命)'까지로 되어 있다. 『논어』는 제목 그대로 공자의 말, 공자와 제자 사이의 대화, 공자와 당시 사람들과의 대화, 제자들의 말과 그들 간의 대화 등으로 구성되어 있다. 물론 이 모든 말들은 대개 공자라는 인물의 사상과 행동을 보여주려는 데 초점이 맞추어져 있다.

『논어』속 주요 인물

공자 (孔子, B.C.551~B.C.479)

『논어』에서 가장 중요한 인물로, "자왈(子曰)"로 시작하는 문장은 모두 공자의 말이다. 『사기』「공자세가」를 비롯한 관련 문헌에 따르면, 공자의 일생은 대략 다음과 같았다.

기원전 551년 노나라 추읍(陬邑, 지금의 산둥성 취푸曲阜)에서 태어났다. 성은 공(孔)이고, 이름은 구(丘)이다. "나는 어렸을 때 천한 처지에 있었으므로, 비천한 일에 여러 가지로 능하다"(『논어』 9.6)라고 할 정도로 형편이 곤궁했다. 15세에 학문에 뜻을 두어, 20대에 이미 이름을 떨쳐 제자들이 따랐다. 당시 노나라는 삼환씨(계손씨, 맹손씨, 숙손씨)라 불리던 세 가문이 권력을 좌지우지하였다. 공자는 51세에 사법을 총괄하던 사구(司寇) 직책에 올랐으나, 뜻을 제대로 펼치지 못하고 물러났다.

그 뒤 노나라를 떠나 제자들과 함께 천하를 주유하며 14년간의 여정을 펼쳐나간다. 먼저 서쪽의 위(衛)나라부터 진(陳)→위(衛)→조(曹)→송(宋)→정(鄭)→진(陳)→위(衛)→진(陳)→채(蔡)→초(楚)→위(衛) 등 여러 나라를 다니면서 이상적 정치를 실현하고 싶어 했으나 결국 실패하고 68세에 노나라로 돌아온다. 말년에 제자들과 강학에 몰두하다가 73세를 일기로 기원전 479년에 죽었다.

공자는 아들과 딸을 한 명씩 두었는데, 딸은 제자인 공야장에게 시집보냈다(『논어』 5.1 참조). 아들 공리(孔鯉, 자는 백어伯魚, B.C.532~B.C.483)는 50세의 나이로 아버지보다 먼저 세상을 떠났는데, 『논어』에 세 차례(11.8, 16.3, 17.10 참조) 등장한다.

공자 제자

전하는 바에 따르면, 공자의 가르침을 받은 제자는 3천여 명에 이르며, 그 가운데 공자의 가르침을 승계한 제자 72명을 칠십이현(七十二賢)이라고 한다. 또한 특히 뛰어난 제자 10명을 공문십철(孔門十哲)이라고 부른다. 『논어』에 등장하는 제자들은 어떤 때는 본명으로, 어떤 때는 이름만으로, 어떤 때는 자(子)로, 어떤 때는 성과 자를 붙인 호칭으로 등장하기 때문에 헷갈리기 쉽다.

본명	자	『논어』에서 불린 이름	인물 소개
고시 (高柴)	자고(子羔)	자고, 시	어리석었지만 곧은 인물이었다. 자로가 자고를 비(費) 땅의 읍재로 삼은 것을 두고 공자가 남의 자식을 망친다며 자로를 나무란 적이 있다.
공백료 (公伯寮)	자주(子周)	공백료	자로와 함께 계손씨 집안에서 관리로 일했다.
공서적 (公西赤)	자화(子華)	공서화 (公西華), 자화, 적	맹무백이 공자에게 공서화에 대해 물었을 때 외국의 손님을 접객하는 자리에 걸맞다고 한 적이 있다.
공야장 (公冶長)	자장(子長)	공야장	공자가 사위로 삼았다.
금뢰 (琴牢)	자개(子開), 자장(子張)	뢰	금뢰는 공자가 "나는 세상에 쓰이지 않았기에 다양한 재주를 익혔다"고 한 말을 전하고 있다.
남궁괄 (南宮适)	자용(子容)	남용(南容), 남궁괄	공자가 형의 딸을 시집보내 조카사위로 삼았다.
단목사 (端木賜)＊	자공(子貢)	자공, 사	상업으로 큰 재산을 쌓았으며, 언변과 외교적 역량이 뛰어났다.
담대멸명 (澹臺滅明)	자우(子羽)	담대멸명	자유(子游)가 "지름길을 가지 않는다"고 평할 정도로, 행동이 반듯하고 단정한 제자였다.
민손 (閔損)＊	자건(子騫)	민자건 (閔子騫), 민자(閔子)	공자가 그를 효성스럽고, 말을 잘하지는 않지만 말을 하면 반드시 맞는 말만 한다고 했다.
번수 (樊須)	자지(子遲)	번지(樊遲)	매사를 빨리 이루려고 하다 핀잔을 듣곤 했다.

＊ 공문십철

본명	자	『논어』에서 불린 이름	인물 소개
복부제 (宓不齊)	자천(子賤)	복자천 (宓子賤)	공자로부터 '군자'라는 평을 받았다.
복상 (卜商)*	자하(子夏)	자하, 상	시와 예에 능했다. 공자가 "나를 일깨우는 사람은 상이로구나. 비로소 함께 시를 이야기할 만하다"라고 칭찬했다.
사마경 (司馬耕)	자우(子牛)	사마우 (司馬牛)	걱정이 많은 인물로, 공자에게 "군자는 걱정하지 않고 두려워하지 않는다"는 말을 들을 정도였다.
신정 (申棖)	자주(子周)	신정	공자가 신정은 강직한 사람이 아니라 "욕심이 많다"고 평하였다.
안무요 (顔無繇)	로(路)	안로(顔路)	안회(안연)의 아버지이자 공자의 제자다.
안회 (顔回)*	자연(子淵)	안연(顔淵), 회	공자가 가장 배움을 좋아하는 제자로 꼽았다. 안타깝게도 젊은 나이에 요절했다. 공자는 "하늘이 나를 버리시는구나" 탄식하며 안회의 죽음을 애통해했다.
언언 (言偃)*	자유(子游)	자유, 언	글을 다루는 데 뛰어난 인물로, "닭을 잡는 데 어찌 소 잡는 칼을 쓰는가?"라는 공자의 질문에 "군자는 도를 배우면 남을 아끼고, 소인은 도를 배우면 부리기 쉽다"고 답했다.
염경 (冉耕)*	백우(伯牛)	염백우 (冉伯牛), 백우	덕행이 뛰어났다. 죽음을 피할 수 없는 병에 걸리자 공자가 문병 와서 그의 운명에 대해 탄식했다.
염구 (冉求)*	자유(子有)	염유(冉有), 염자(冉子), 구	공자 제자 중 정치 감각이 뛰어나고 다재다능한 사람이었다.

본명	자	『논어』에서 불린 이름	인물 소개
염옹 (冉雍)＊	중궁(仲弓)	중궁, 옹	안회와 더불어 공자에게 칭찬을 많이 들은 제자. 덕행과 인품이 뛰어난 인물이었다.
원헌 (原憲)	자사(子思)	원사(原思), 헌	공자의 가신을 지냈으며, 청렴한 인물이었다.
유약 (有若)	자유(子有)	유자(有子)	'증자', '민자'와 함께 성에 '자'를 붙여 불리며 존경을 받았다. 공자와 외모가 비슷해 공자가 죽은 뒤 제자들이 공자 대신 지도자로 모시려고 했다.
재여 (宰予)＊	자아(子我)	재아(宰我), 재여	언변이 뛰어난 제자였지만, 행동은 그에 미치지 못한다 해서 공자가 그를 탐탁지 않게 여겼다. 낮잠을 자다가 심한 질책을 들었을 뿐 아니라, 삼년상에 대한 답변에도 공자가 못마땅한 반응을 보였다.
전손사 (顓孫師)	자장(子張)	자장	명석한 인물로, 공자의 말을 띠에 새겨서 다녔다고 한다. 자공이 공자에게 사(자장)와 상(자하) 중 누가 더 현능한가 질문하자, 공자가 "사는 지나치고, 상은 모자란다"며 과유불급(지나침은 모자람과 같다)이라고 하였다.
중유 (仲由)＊	자로(子路) 계로(季路)	자로, 계로, 유	공자의 가장 가까운 제자로, 14년간의 주유 생활 동안 공자와 함께했다. 성격이 거칠고 용맹했지만, 정의감이 지나쳐 공자에게 자주 핀잔을 들었다.
증삼 (曾參)	자여(子輿)	증자(曾子), 삼	공자 제자 중 높은 학문적 성취를 이룬 인물이다. 공자가 "나의 도는 하나로 꿰뚫는다"라고 했을 때 유일하게 그 의미를 이해한 제자다.

＊ 공문십철

본명	자	『논어』에서 불린 이름	인물 소개
증점 (曾點)	자석(子晳)	증석(曾晳), 점	증삼(증자)의 아버지로, 부자가 공자의 제자였다. 공자가 누군가 알아주는 사람이 있을 때 어찌하겠냐고 물었을 때, 목욕하고, 바람 쐬고, 시를 읊겠다는 대답을 하자 공자가 공감한다고 말했다.
진항 (陳亢)	자금(子禽)	진항, 자금, 진자금	공자 아들 백어(공리)에게 아버지의 가르침에 대해 질문했다가 "군자는 자식을 멀리한다"는 것을 깨달았다.
칠조계 (漆雕啓)	자개(子開) 자약(子若)	칠조개	벼슬하여 출세하는 데 마음을 쓰지 않는 것을 보고 공자가 기뻐했다.

춘추시대 각국 인물

노魯

정공(定公)   노나라 26대 군주. 양공(襄公)의 아들이며, 소공(昭公)의 아우로, 소공을 이어 15년간 노나라를 다스렸다. 공자는 정공 14년(B.C.500)에 사법을 총괄하는 사구(司寇) 직책을 맡았다.

애공(哀公)   정공의 아들로, 노나라 27대 군주. 춘추 말엽에 27년간 노나라를 다스렸다. 공자가 14년에 달하는 장기간의 유랑 끝에 노나라로 돌아왔을 때는 애공 11년(B.C.484) 겨울이었다.

계강자(季康子)   애공 때의 대부.

계문자(季文子)   노나라 대부. 이름은 행보(行父)다.

계자연(季子然)   계씨 집안의 자제.

계환자(季桓子)	대부인 계손사(季孫斯). 당시 노나라의 실권자 중 한 사람이었다.
맹경자(孟敬子)	노나라 대부 중손첩(仲孫捷)으로, 맹무백(孟武伯)의 아들이며, 경(敬)은 그의 시호이다.
맹무백(孟武伯)	맹의자의 아들. 아버지의 뒤를 이어 대부가 되었다.
맹의자(孟懿子)	노나라 대부. 『좌전(左傳)』「소공(昭公) 7년」에 동생 남궁경숙(南宮敬叔)을 데리고 공자에게 예(禮)를 배우러 온 인물로 묘사되어 있다.
양화(陽貨)	권세를 휘두르던 노나라 계씨의 가신으로, 노나라의 대부를 지냈다. 양호(陽虎)라고 부르기도 한다.
공산불요(公山弗擾)	원래 계환자가 임명한 관리였으나 양화(양호)와 함께 반란을 일으켰다.
유하혜(柳下惠)	노나라 현인으로 알려진 인물로, 대부를 지냈다.
좌구명(左丘明)	성은 좌구(左丘), 이름은 명(明)이다. 『춘추좌씨전(春秋左氏傳)』(일명 『춘추좌전』 혹은 『좌전』)과 『국어(國語)』를 지었다고 알려진 춘추시대 노나라 역사가.

주周

주공(周公)	문왕(文王)의 아들로, 형인 무왕(武王)을 도와 은나라를 멸하였고, 주나라의 기초를 튼튼히 하였다. 예악(禮樂) 제도를 정비하였으며, 『주례(周禮)』를 지었다고 알려져 있다.
노공(魯公)	주공의 아들인 백금(伯禽). 노나라에 봉해져서 '노공(魯公)'이라 불렸다.
우중(虞仲)	태백(泰伯)의 동생인 중옹(仲雍). 태백과 함께 막내동생에게 왕위를 양보하고 은자가 되었다.
태백(泰伯)	주나라 태왕(太王, 고공단보)의 맏아들. 태왕이 삼 형제 중 막내에게 왕위를 물려주려고 하자, 둘째 동생과 함께 잠적하였다.

위衛

영공(靈公) 위나라 군주. 양공(襄公)의 서자로, 재위 기간이 42년이나 되지만 훌륭한 군주는 아니었다. 공자가 위나라에 갔을 때 영공을 만났으며, 그 아래에서 잠시 벼슬을 한 적도 있지만, 영공에 대한 평가가 좋지는 않다.

남자(南子) 송나라 사람으로, 위나라 영공(靈公)의 부인이다. 외모가 빼어났으나, 음란했다고 알려져 있다.

공문자(孔文子) 위나라 대부. 성은 공(孔), 이름은 어(圉), 중숙어(仲叔圉)라고도 한다. 죽은 뒤 시호를 문(文)이라 받았기에 공문자(孔文子)라고 부른다.

사어(史魚) 위나라 대부인 사추(史鰌). 그의 행적은 『공자가어(孔子家語)』「곤서(困誓)」에 자세히 나와 있다.

왕손가(王孫賈) 위나라 대부로, 영공의 신하였다.

타(鮀) 위나라 대부. 종묘의 제사를 관장하는 축관을 지냈으며, 공자가 그의 말재주에 대해 언급한 적이 있다.

정鄭

자산(子產) 정나라 대부. 성은 공손(公孫)이고 이름은 교(僑)이다. 자산(子產)은 그의 자다. 일명 정자산(鄭子產)이라고 부른다. 정나라 간공(簡公)과 정공(定公) 2대에 걸쳐 22년간 대부를 지내며 정나라를 부강하게 만들었다.

제齊

환공(桓公) 관중을 발탁하여 제나라를 강성한 나라로 만들었으며, 춘추시대 최초의 패자(霸者)이다.

공자(公子) 규(糾)	제나라 환공의 이복형제이다. 제나라 양공(襄公)이 죽자, 환공과 권력 다툼을 벌였으나 패배하여 죽임을 당했다. 공자 규의 편이었던 제나라 대부 소홀(召忽)은 공자 규를 따라 죽은 반면, 관중은 환공에게 발탁되어 제나라를 다스렸다.
관중(管仲)	제나라 대부. 제나라 환공을 춘추오패(春秋五覇)의 첫 번째 패자로 만드는 데 크게 기여한 인물. 포숙아(鮑叔牙)와의 우정으로 유명하며, 이들의 우정을 '관포지교'라고 이른다.

진晉

문공(文公)	춘추시대에 강성했던 춘추오패 중 한 사람. 선정을 펴서 국력을 충실히 하였다. 공자는 "진나라 문공은 속이고 바르지 않았으며, 제나라 환공은 바르고 속이지 않았다"고 제나라 환공과 비교한 적이 있다.

초楚

섭공(葉公)	초나라 대부. 본명은 심제량(沈諸梁). 초나라 섭(葉) 땅을 다스리고 있어서 섭공이라고 불렀다.

송宋

조(朝)	송나라 공자(公子)로, 흔히 송조(宋朝)라 부른다. 미남으로, 영공의 부인인 남자와 좋지 않은 소문으로 유명하다.
환퇴(桓魋)	환공(桓公)의 후손. 공자가 여러 나라를 돌아다니다가 송나라에 들러 강의하고 있을 때 공자를 죽이려 들었다. 이때 공자는 "하늘이 내게 덕을 주었으니, 환퇴가 나를 감히 어찌하겠는가?"라고 했다.

1
학이

學而 1

1.1

선생님께서 말씀하셨다. "배우고 때로 익히면, 참으로 기쁘지 아니한가? 멀리서 찾아오는 붕우朋友가 있으면, 참으로 즐겁지 아니한가? 남이 알아주지 않아도 열받지 않으면, 참으로 군자가 아닌가?"

子曰, 學而時習之, 不亦說乎.² 有朋自遠方來, 不亦樂乎. 人不知而不慍, 不亦君子乎.

1.2

유자*가 말하였다. "그의 사람됨이 부모에게 효도하고 연장자를 공경하는데, 윗사람에게 덤비기 좋아하는 경우는 드물구나! 윗사람에게 덤비기 좋아하지 않는데, 난리를 일으키기 좋아하는 경우는 있은 적이 없다. 군자는 근본에 힘쓴다. 근본이 확립되면, 도道가 생긴다. 부모에게 효도하고 연장자를 공경하는 것은 인仁을 실천하는 일의 근본일 것이다."

有子曰, 其爲人也孝弟, 而好犯上者, 鮮矣. 不好犯上, 而好作亂者, 未之有也. 君子務本. 本立而道生. 孝弟也者, 其爲仁之本與.

---

*   유자(有子): 성은 유(有), 이름은 약(若), 자는 자유(子有)이다. 공자 제자, 노(魯)나라 사람.

1.3

선생님께서 말씀하셨다. "말을 교묘하게 하고 겉모습을 꾸미는 사람치고, 드물구나, 인(仁)한 사람이."

子曰, 巧言令色, 鮮矣仁.

1.4

증자*가 말하였다. "나는 하루에 세 번 나 자신을 살핀다. 남을 위해 도모하는 일에 남김없이 정성을 쏟지 않았나? 붕우와 교제할 때 믿음직스럽게 대하지 않았나? 익히지 않은 것을 전해주지 않았나?"

曾子曰, 吾日三省吾身. 爲人謀而不忠乎, 與朋友交而不信乎, 傳不習乎.

1.5

선생님께서 말씀하셨다. "제후국을 다스릴 때는 일을 공경하여 믿음을 얻고, 씀씀이를 절약하여 사람들을 아끼고, 시기를 고려하여 피치자를 부려라."

子曰, 道千乘之國, 敬事而信, 節用而愛人, 使民以時.

---

* 증자(曾子): 성은 증(曾), 이름은 삼(參), 자는 자여(子輿)이다. 공자 제자, 노나라 사람.

1.6

선생님께서 말씀하셨다. "제자들은 들어오든 나가든 효도하고 공손하게 처신하라. 말조심하여 믿음을 쌓아라. 많은 사람들을 널리 아끼되 인(仁)한 사람을 가까이하라. 실천하고 남은 힘이 있으면, 그 힘으로 세련된 표현을 배워라."

子曰, 弟子, 入則孝, 出則弟, 謹而信, 汎愛衆而親仁. 行有餘力, 則以學文.

1.7

자하*가 말하였다. "[배움의 과정에서] 현능한 사람을 존중하면 용모마저 바뀌게 된다. 부모를 섬기는 일에 가진 힘을 다 쓸 수 있고, 군주를 섬기는 일에 자신을 바칠 수 있고, 붕우와 사귀는 일에 말이 믿음직하다면, 아직 배우지 않았다고 하더라도 나는 반드시 배웠다고 하겠다."

子夏曰, 賢賢易色, 事父母, 能竭其力, 事君, 能致其身, 與朋友交, 言而有信. 雖曰未學, 吾必謂之學矣.

1.8

선생님께서 말씀하셨다. "군자의 경우, 장중하지 않으면 위엄

---

* 자하(子夏): 성은 복(卜), 이름은 상(商), 자가 자하(子夏)이다, 공자 제자, 위(衛)나라 사람.

이 없다. 배우면 고루하지 않게 된다. 충성과 믿음을 핵심으로 삼되, 자기만 못한 사람은 벗삼지 마라. 잘못을 저지르면 고치기를 꺼리지 마라."

子曰, 君子, 不重則不威. 學則不固. 主忠信, 無友不如己者. 過則勿憚改.

1.9

증자가 말하였다. "죽음을 맞아 장례를 신중하게 치르고, 먼 조상에게 정성스레 제사 지내라. 피치자의 덕德이 도타워질 것이다."

曾子曰, 愼終追遠, 民德歸厚矣.

1.10

자금*이 자공**에게 물었다. "선생님께서는 어떤 나라에 이르렀을 때, 반드시 그 나라 정치에 대해 듣게 되는데, 선생님께서 스스로 그것을 듣고자 추구한 것입니까, 아니면 저들이 알아서 기회를 부여한 것입니까?" 자공이 말하였다. "선생님께서는 따뜻한 모습, 훌륭한 업무 자질, 공손한 처신, 절제하

---

* 자금(子禽): 성은 진(陳), 이름은 항(亢), 자가 자금(子禽)이다. 공자 제자, 진(陳)나라 사람.
** 자공(子貢): 성은 단목(端木), 이름은 사(賜), 자가 자공(子貢)이다. 공자 제자, 위(衛)나라 사람.

는 능력, 양보의 미덕을 통하여 그러한 기회를 얻으시는 겁니다. 선생님께서 추구하는 바는 다른 사람들이 추구하는 바와 아마 다르겠지요?"

子禽問於子貢曰, 夫子至於是邦也, 必聞其政, 求之與, 抑與之與. 子貢曰, 夫子溫良恭儉讓以得之. 夫子之求之也, 其諸異乎人之求之與.

1.11

선생님께서 말씀하셨다. "그의 아버지가 살아 계실 때는 그의 뜻을 살펴보아라. 그의 아버지가 돌아가신 뒤에는 그의 행동을 살펴보아라. 3년 동안 아버지의 도道를 바꾸지 않으면, 효孝라고 할 만하다."

子曰, 父在, 觀其志, 父沒, 觀其行. 三年無改於父之道, 可謂孝矣.

1.12

유자가 말하였다. "예禮의 쓰임은 조화를 귀하게 여긴다. 선왕의 도道는 이를 아름답다고 여겼다. 크고 작은 것들이 이로부터 말미암는데 잘 작동하지 않는 경우가 있다. 조화만 알아서 조화만 추구하고, 예禮로써 조율하지 않으면, 과연 잘 작동할 수 없다."

有子曰, 禮之用, 和爲貴. 先王之道, 斯爲美. 小大由之, 有所不行. 知和而和, 不以禮節之, 亦不可行也.

1.13

유자가 말하였다. "말대로 이행하는 것이 올바름에 가깝다면, 그 말은 실천할 만하다. 공손함이 예禮에 가깝다면, 치욕을 멀리할 수 있다. 그리하여 가까운 사람들을 잃지 않으면, 과연 지도자로 섬길 만하다."

有子曰, 信近於義, 言可復也. 恭近於禮, 遠恥辱也. 因不失其親, 亦可宗也.

1.14

선생님께서 말씀하셨다. "군자는 먹는 일에서 배부름을 추구하지 않고, 거처에 있어 편안함을 추구하지 않고, 일처리에 애쓰고 말을 신중히 하고, 도道가 있는 곳에 나아가 시비를 바르게 가린다. 그러하면 정녕 배움을 좋아한다고 할 만하다."

子曰, 君子食無求飽, 居無求安, 敏於事而愼於言, 就有道而正焉, 可謂好學也已.

1.15

자공이 말하였다. "가난해도 아첨하지 않고, 부유해도 교만하게 행세하지 않으면, 어떻습니까?" 선생님께서 말씀하셨다. "그럭저럭 괜찮겠지. 그런데 가난해도 즐거워하고, 부유해도 예禮를 좋아하는 경우만은 못하다." 자공이 말하였다. "『시詩』*에서 '끊어내듯이, 잘라내듯이, 쪼듯이, 갈듯이'라고 한 말은 아마 이것을 이르는 거겠죠?" 선생님께서 말씀하셨다. "사賜(자공의 이름)야, 비로소 더불어 시를 논할 만하구나. 지난 것을 말해주면 다음에 올 것을 아는구나."

子貢曰, 貧而無諂, 富而無驕, 何如. 子曰, 可也. 未若貧而樂, 富而好禮者也. 子貢曰, 詩云, 如切如磋, 如琢如磨,** 其斯之謂與. 子曰, 賜也, 始可與言詩已矣, 告諸往而知來者.

1.16

선생님께서 말씀하셨다. "남이 나를 알아주지 않는 것을 걱정하지 말고, 내가 남을 알아주지 않는 것을 걱정하라."

子曰, 不患人之不己知, 患不知人也.

---

* 『시(詩)』: 후대에 유교 경전 『시경(詩經)』이 되었다.
** 如切如磋, 如琢如磨: 『시경』「위풍(衛風)」'기욱(淇奧)'에 나오는 구절이다.

2 위정

爲政

2.1

선생님께서 말씀하셨다. "정치를 덕德으로 하는 것은, 비유컨대 북극성은 자기의 합당한 자리에 있고, 뭇별들이 그것을 둘러싸고 도는 것과 같다."

子曰, 爲政以德, 譬如北辰居其所而衆星共之.

2.2

선생님께서 말씀하셨다. "『시詩』 300편을 한마디로 요약하자면, '생각에 요사스러움이 없다'는 것이다."

子曰, 詩三百, 一言以蔽之, 曰, 思無邪.*

2.3

선생님께서 말씀하셨다. "정치로써 이끌고 형벌로써 가지런히 하면, 피치자들은 제재를 면하려 들 뿐 부끄러움을 모른다. 덕德으로써 이끌고 예禮로써 가지런히 하면, 부끄러움을 알고 선한 곳에 이른다."

子曰, 道之以政, 齊之以刑, 民免而無恥. 道之以德, 齊之以禮, 有恥且格.

---

* 思無邪: 『시경』 「노송(魯頌)」 '경(駉)'에 나오는 구절이다.

2.4

선생님께서 말씀하셨다. "나는 15세에 배움에 뜻을 두었고, 30세에 스스로를 확립하였고, 40세에 미혹됨을 벗어났으며, 50세에 천명을 알았고, 60세에 귀가 순해졌고, 70세에 마음 가는 대로 해도 도리에 어긋남이 없었다."

子曰, 吾十有五而志于學, 三十而立, 四十而不惑, 五十而知天命, 六十而耳順, 七十而從心所欲, 不踰矩.

2.5

맹의자*가 효孝에 대해 물었다. 선생님께서 말씀하셨다. "어기지 마라." 번지**가 마차를 몰 때, 선생님께서 그에게 말씀하셨다. "맹손(맹의자)이 나에게 효孝에 대해 묻기에 내가 '어기지 마라'고 대답해주었다." 번지가 여쭈었다. "뭐라고 말씀하신 건가요?" 선생님께서 말씀하셨다. "[부모가] 살아 계시면 예禮로써 모시고, 돌아가시면 예禮로써 장사 지내고, 예禮로써 제사 지내라는 것이다."

孟懿子問孝. 子曰, 無違. 樊遲御, 子告之曰, 孟孫問孝於我, 我對曰, 無違. 樊遲曰, 何謂也. 子曰, 生事之以禮, 死葬之以禮,

---

* 맹의자(孟懿子): 노나라 대부(大夫). 『좌전(左傳)』「소공(昭公) 7년」에 동생 남궁경숙(南宮敬叔)을 데리고 공자에게 예(禮)를 배우러 온 인물로 묘사되어 있다.
** 번지(樊遲): 성은 번(樊), 이름은 수(須), 자는 자지(子遲)이다. 공자 제자, 노나라 사람이며 일설에는 제(齊)나라 사람이라고도 한다.

祭之以禮.

2.6

맹무백*이 효孝에 대해 물었다. 선생님께서 말씀하셨다. "부모는 오직 자식이 병날까 걱정합니다."

孟武伯問孝. 子曰, 父母唯其疾之憂.

2.7

자유**가 효孝에 대해 여쭈었다. 선생님께서 말씀하셨다. "요즘의 효孝란 음식 공양을 잘하는 것을 말한다. 먹이는 일로 말하자면, 개나 말도 모두 잘 먹일 수는 있다. 공경하지 않는다면 개나 말과 무슨 차이가 있으리오?"

子游問孝. 子曰, 今之孝者, 是謂能養. 至於犬馬, 皆能有養. 不敬, 何以別乎.

2.8

자하가 효孝에 대해 여쭈었다. 선생님께서 말씀하셨다. "안색을 제대로 하는 것이 어렵다. 일이 있으면 나이 어린 사람이 수고하고, 술과 음식이 있으면 연장자가 드시도록 하는 일.

---

* 맹무백(孟武伯): 맹의자의 아들. 아버지의 뒤를 이어 노나라의 대부가 되었다.
** 자유(子游): 성은 언(言), 이름은 언(偃), 자가 자유(子游)다. 공자 제자, 오(吳)나라 사람.

그래 이런 일들을 효孝라고 여겼겠는가?"

子夏問孝. 子曰, 色難. 有事, 弟子服其勞, 有酒食, 先生饌, 曾是以爲孝乎.

2.9

선생님께서 말씀하셨다. "나와 회回*가 종일 이야기하는데, 회는 어김없이 따르기만 해서 우둔한 것 같더라. 그런데 물러나 그의 사적인 처신을 살펴보니 과연 [배운 바를] 잘 발휘하더라. 회는 우둔하지 않다."

子曰, 吾與回言終日, 不違如愚. 退而省其私, 亦足以發, 回也不愚.

2.10

선생님께서 말씀하셨다. "그 사람이 하는 것을 보고, 그 사람이 그렇게 하는 연유를 살피고, 그 사람이 편히 여기는 바를 따져보라. 그 사람이 어떻게 숨길 수 있겠는가? 그 사람이 어떻게 숨길 수 있겠는가?"

子曰, 視其所以, 觀其所由, 察其所安. 人焉廋哉, 人焉廋哉.

---

* 회(回): 성은 안(顏), 이름이 회(回)이다. 자는 자연(子淵)인데, 안연(顏淵)이라고 흔히 부른다. 공자 제자, 노나라 사람.

2.11

선생님께서 말씀하셨다. "옛것을 익혀 새것을 알면 모범이 될 수 있다."

子曰, 溫故而知新, 可以爲師矣.³

2.12

선생님께서 말씀하셨다. "군자는 특정한 도구가 아니다."

子曰, 君子不器.

2.13

자공이 군자에 대해 여쭈었다. 선생님께서 말씀하셨다. "먼저 그 말을 실천한 이후에, 그 말이 뒤따른다."

子貢問君子. 子曰, 先行其言, 而後從之.

2.14

선생님께서 말씀하셨다. "군자는 두루 아우르되 편을 짓지 않고, 소인은 편을 짓되 두루 아우르지 않는다."

子曰, 君子周而不比, 小人比而不周.

2.15

선생님께서 말씀하셨다. "배우되 생각하지 않으면 무턱대고

속임을 당하고, 생각하되 배우지 않으면 제대로 영글지 못한다."

子曰, 學而不思則罔, 思而不學則殆.⁴

2.16

선생님께서 말씀하셨다. "편향된 극단에 골몰하면, 해로울 뿐이다."

子曰, 攻乎異端, 斯害也已.

2.17

선생님께서 말씀하셨다. "유由*야. 네게 안다는 것에 대해 깨우쳐주마. 아는 것을 안다고 하고, 모르는 것을 모른다고 하는 것, 이것이 아는 것이다."

子曰, 由, 誨女知之乎. 知之爲知之, 不知爲不知, 是知也.

2.18

자장**이 관직 얻는 일에 대해 배우려 하자, 선생님께서 말씀하셨다. "많이 듣고 그중 의심나는 것은 접어두고, 그 나머지

---

*   유(由): 성은 중(仲)이고 이름이 유(由)이다. 자는 자로(子路) 혹은 계로(季路)인데, 자로라고 흔히 부른다. 공자 제자, 노나라 사람.
** 자장(子張): 성은 전손(顓孫), 이름은 사(師), 자가 자장(子張)이다. 공자 제자, 진(陳)나라 사람.

에 대해 조심스레 말을 하면 허물이 적을 것이다. 많이 보고 그중 영글지 않은 것을 접어두고, 그 나머지에 대해서는 조심스레 행동하면, 후회가 적을 것이다. 말에 허물이 적고 행동에 후회가 적으면, 관직은 그 가운데 있을 것이다."

子張學干祿. 子曰, 多聞闕疑, 愼言其餘, 則寡尤. 多見闕殆, 愼行其餘, 則寡悔. 言寡尤, 行寡悔, 祿在其中矣.[5]

2.19

애공*이 "무엇을 하면 피치자가 복종하겠소?"라고 물었다. 공자가 대답하였다. "곧은 사람을 들어 굽은 사람 위에 놓으면 피치자가 복종하고, 굽은 사람을 들어 곧은 사람 위에 놓으면 피치자가 복종하지 않습니다."

哀公問曰, 何爲則民服. 孔子對曰, 擧直錯諸枉, 則民服, 擧枉錯諸直, 則民不服.

2.20

계강자**가 물었다. "피치자가 공경하고, 충성하고, 스스로 동기부여하게끔 만들려면 어떻게 하면 될까요?" 선생님께서 말씀하셨다. "[당신 스스로] 위엄을 가지고 대하면 그들이 공경

---

* 애공(哀公): 노나라 27대 군주. 공자가 14년에 달하는 장기간의 유랑 끝에 노나라로 돌아왔을 때는 애공 11년(B.C. 484) 겨울이었다.

** 계강자(季康子): 노나라 애공 때의 대부.

할 것이요, 효孝와 자애로움을 실천하면 그들이 충성할 것이요, 좋은 사람을 들어 쓰고 잘 못하는 사람을 가르치면 그들이 스스로 동기부여할 것입니다."

季康子問, 使民敬忠以勸, 如之何. 子曰, 臨之以莊則敬, 孝慈則忠, 擧善而教不能則勸.

2.21

누군가 공자에게 "당신은 왜 정치를 하지 않나요?"라고 물었다. 선생님께서 말씀하셨다. "『서書』*에서 '효도하라, 오지 효도하고 형제간에 우애하여 그것을 정치에 베푼다'고 하였으니 이 또한 정치를 행하는 것이다. 어째서 구태여 정치를 일삼겠는가?"

或謂孔子曰, 子奚不爲政. 子曰, 書云, 孝乎, 惟孝, 友于兄弟, 施於有政.** 是亦爲政, 奚其爲爲政.⁶

2.22

선생님께서 말씀하셨다. "사람이 믿음직하지 않으면, 그 사람이 쓸 만한지 알 수 없다. 큰 수레에 예輗(채 가로대)가 없고

---

*   『서(書)』: 후대에 유교 경전인 『서경(書經)』이 되었다.
** 惟孝, 友于兄弟, 施於有政: 『서경』「주서(周書)」'군진(君陳)'에는 "惟孝, 友于兄弟, 克施有政(오로지 효도하고 형제간에 우애하여 그것을 정치에 베풀 수 있게 하라)"이라고 되어 있다.

작은 수레에 월軏(멍에 걸이)이 없으면 도대체 무엇을 가지고 수레를 움직여가겠는가?"

子曰, 人而無信, 不知其可也. 大車無輗, 小車無軏, 其何以行之哉.

2.23

자장이 여쭈었다. "열 세대 후를 알 수 있습니까?" 선생님께서 말씀히 셨다. "은나라는 하나라 예禮를 이어받았기에 거기서 뺀 것과 더한 것을 알 수 있다. 주나라는 은나라 예禮를 이어받았기에 거기서 뺀 것과 더한 것을 알 수 있다. 정녕 주나라를 계승하는 경우라면 비록 백 세대 후라도 그 예禮를 알 수 있다."

子張問, 十世可知也. 子曰, 殷因於夏禮, 所損益, 可知也, 周因於殷禮, 所損益, 可知也. 其或繼周者, 雖百世, 可知也.

2.24

선생님께서 말씀하셨다. "제사 지낼 귀신이 아닌데도 제사 지내면 아부하는 것이다. 올바름을 보고도 실천하지 않으면 용기가 없는 것이다."

子曰, 非其鬼而祭之, 諂也. 見義不爲, 無勇也.

3
팔
일
八佾

팔일八佾

3.1

선생님께서 계씨*를 다음과 같이 평가하셨다. "자기네 제사 마당에서 [천자의 예식인] 팔일무**를 추게 하였다. 이 꼴을 용인한다면 무엇을 용인 못하겠는가?"

孔子謂季氏, 八佾舞於庭, 是可忍也, 孰不可忍也.

3.2

세 대부 집안***에서 [천자의 예식에서나 불리는] 옹雍을 부르며 제사를 마무리하였다. 선생님께서 말씀하셨다. "'제후들이 모시니, 천자께서 위엄 있으시네'라는 옹 노래 가사가 어찌 그 세 집안의 사당에서 울려 퍼질 수 있겠는가."

三家者以雍徹. 子曰, 相維辟公, 天子穆穆,**** 奚取於三家之堂.

3.3

선생님께서 말씀하셨다. "사람이 인仁하지 않으면 예禮를 어찌하고, 사람이 인仁하지 않으면 음악을 어찌하랴?"

* 계씨(季氏): 노나라 대부 계손씨(季孫氏).
** 팔일무(八佾舞): 64명이 가로 여덟 줄, 세로 여덟 줄을 이루어 추는 춤. 천자만이 거행할 수 있는 예식 중 하나이다.
*** 세 대부 집안(三家): 당시 노나라 실권자인 맹손씨(孟孫氏, 일명 중손씨仲孫氏), 숙손씨(叔孫氏), 계손씨(季孫氏) 세 대부 집안을 가리킨다.
**** 相維辟公, 天子穆穆: 『시경』「주송(周頌)」'옹(雍)'에 나오는 구절이다.

子曰, 人而不仁, 如禮何, 人而不仁, 如樂何.

3.4

임방*이 예禮의 근본에 대해 여쭈었다. 선생님께서 말씀하셨다. "대단하구나, 그 질문은! 예禮는 사치스럽게 하느니 차라리 검소하게 해야 한다. 상례는 형식에 연연하느니 차라리 슬퍼해야 한다."

林放問禮之本. 子曰, 大哉, 問. 禮, 與其奢也, 寧儉. 喪, 與其易也, 寧戚.[7]

3.5

선생님께서 말씀하셨다. "오랑캐에게 군주가 있는 것이 문명국에게 군주가 없는 것만 못하다."

子曰, 夷狄之有君, 不如諸夏之亡也.

3.6

계씨가 태산에서 [제후라야 지낼 수 있는] 여旅 제사를 지내려 하였다. 선생님께서 염유**에게 말씀하셨다. "네가 그것을 말릴 수 없겠느냐?" 대답하기를, "말릴 수 없습니다." 선생님께서

---

*   임방(林放): 자는 자구(子丘), 공자 제자, 노나라 사람.
** 염유(冉有): 성은 염(冉), 이름은 구(求). 자는 자유(子有)인데, 염유(冉有) 또는 염자(冉子)라고도 부른다. 공자 제자, 노나라 사람.

말씀하셨다. "아! 태산이 그래 [예禮의 근본에 대해 관심을 가진] 임방만 못하다고 여기는가?"

季氏旅於泰山. 子謂冉有曰, 女弗能救與. 對曰, 不能. 子曰, 嗚呼. 曾謂泰山不如林放乎.*

3.7

선생님께서 말씀하셨다. "군자는 경쟁하는 바가 없다. 굳이 해야 한다면 활쏘기다! 예禮를 갖추어 인사하고, 활 쏘려고 오르내리며 예禮를 갖추어 술을 마신다. [예禮를 갖춘] 이런 경쟁이라면 군자답다."

子曰, 君子無所爭, 必也射乎. 揖讓而升下而飮. 其爭也君子.[8]

3.8

자하가 여쭈었다. "'고운 웃음 짓는 어여쁜 보조개, 아름다운 눈의 또렷한 눈동자. 흰 바탕 위에 채색 자수 놓았네.' 이 시구는 무엇을 말한 것입니까?" 선생님께서 말씀하셨다. "채색 자수 놓는 일은 흰 바탕을 마련한 뒤에 하는 법이다." 자하가 여쭈었다. "예禮는 뒤에 하는 것이란 말씀입니까?" 선생님께서 말씀하셨다. "나를 일깨우는 사람은 상商(자하의 이름)이로

---

* 노나라 대부 계씨가 태산에서 여(旅) 제사를 지낸 것은 월권이었는데, 당시 계씨의 가재(家宰)였던 염유가 말리지 않은 상황을 두고 나눈 대화이다.

구나. 비로소 함께 시를 이야기할 만하다."

子夏問曰, 巧笑倩兮, 美目盼兮,* 素以爲絢兮. 何謂也. 子曰, 繪事後素. 曰, 禮後乎. 子曰, 起予者商也. 始可與言詩已矣.[9]

3.9

선생님께서 말씀하셨다. "하나라** 예禮는 내가 말할 수 있으나 [그 후예인] 기나라**를 가지고는 [하나라 예법을] 증명하기에 부족하다. 은나라** 예禮는 내가 말할 수 있으나, [그 후예인] 송나라**를 가지고는 [은나라 예법을] 증명하기에 부족하다. 문헌이 부족하기 때문이다. 문헌이 충분하였다면 내가 [관련 예법을] 증명할 수 있었을 것이다."

子曰, 夏禮, 吾能言之, 杞, 不足徵也. 殷禮, 吾能言之, 宋, 不足徵也. 文獻不足故也. 足則吾能徵之矣.

3.10

선생님께서 말씀하셨다. "체禘*** 제사에서 술 따르는 순서 다음은 [예禮가 엉망이라] 나는 보고 싶지가 않다."

---

*   巧笑倩兮, 美目盼兮:『시경』「위풍(衛風)」'석인(碩人)'에 나오는 구절이다.
** 하(夏)나라: 우(禹)임금이 세웠다고 알려진 나라.
    기(杞)나라: 은(殷)나라 때 하(夏) 왕조의 후손이 봉해진 나라.
    은(殷)나라: 탕(湯)임금이 세웠다고 알려진 나라.
    송(宋)나라: 주(周)나라 때 은(殷) 왕조의 후손이 봉해진 나라.
*** 체(禘): 임금이 시조에게 지내는 제사 이름.

子曰, 禘, 自旣灌而往者, 吾不欲觀之矣.

3.11

누군가 체禘 제사에 대해 물었다. 선생님께서 "모른다. 그것을 아는 사람은 천하에 대해서도 마치 이것을 들여다보는 것 같을 것이다"라고 하시며, 손바닥을 가리켰다.

或問禘之說. 子曰, 不知也. 知其說者之於天下也, 其如示諸斯乎. 指其掌.

3.12

[조상에게] 제사를 지낼 때는 [조상이] 그 자리에 있는 것처럼 하고, 신神에게 제사 지낼 때는 신神이 있는 것처럼 하셨다. 선생님께서 말씀하셨다. "내가 직접 제사에 참여하지 않으면, 제사를 지내지 않은 것과 같다."

祭如在, 祭神如神在. 子曰, 吾不與祭, 如不祭.

3.13

왕손가*가 물었다. "방구석 귀신에게 잘 보이려 하기보다는 차라리 부뚜막신에게 잘 보이려 하는 것이 낫다는데, 무엇을 말한 것인가요?" 선생님께서 말씀하셨다. "그렇지 않습니다.

---

* 왕손가(王孫賈): 위(衛)나라 대부.

하늘에 죄를 지으면 빌 데가 없습니다."

王孫賈問曰, 與其媚於奧, 寧媚於竈, 何謂也. 子曰, 不然, 獲罪於天, 無所禱也.

3.14

선생님께서 말씀하셨다. "주나라는 앞선 2대(하나라와 은나라)를 거울삼았으니, 융성하도다, 그 세련된 표현이! 나는 주나라를 따르련다."

子曰, 周監於二代, 郁郁乎, 文哉. 吾從周.

3.15

선생님께서 태묘*에 들어가 매사를 물었다. 누군가 말하였다. "노나라 추읍 사람**의 아들이 예禮를 안다고 누가 그랬는가? 태묘에 들어와 매사를 묻는구만." 선생님께서 그 말을 듣고 말씀하셨다. "그렇게 묻는 것이 예禮이다."

子入大廟, 每事問. 或曰, 孰謂鄹人之子知禮乎. 入大廟, 每事問. 子聞之曰, 是禮也.

---

*　태묘(大廟): 노나라의 시조로 받들어진 주공(周公)을 모시는 사당.
**　추읍 사람(鄹人): 추읍(鄹邑)의 대부였던 공자의 아버지 숙량흘(叔梁紇)을 가리킨다.

3.16

선생님께서 말씀하셨다. "활쏘기는 과녁 뚫기 위주로 하지 않는다. [사람마다] 힘이 동등하지 않기 때문이니, [이것이] 옛 도道이다."

子曰, 射不主皮, 爲力不同科, 古之道也.

3.17

자공이 새로운 달을 시작하는 예식의 희생양을 없애고 싶어 하였다. 선생님께서 말씀하셨다. "사賜(자공의 이름)야, 너는 그 양을 아끼지만 나는 그 예禮를 아낀다."

子貢欲去告朔之餼羊. 子曰, 賜也, 爾愛其羊, 我愛其禮.

3.18

선생님께서 말씀하셨다. "군주를 섬김에 예禮를 다하였더니, 사람들이 아첨한다고 여기는구나."

子曰, 事君盡禮, 人以爲諂也.

3.19

정공*이 물었다. "군주가 신하를 부리는 일과 신하가 군주를

---

* 정공(定公): 노나라 26대 군주. 공자는 정공 14년(B.C.500)에 사법을 총괄하는 사구(司寇) 직책을 맡았다.

섬기는 일은 어떠해야 합니까?" 공자가 대답하였다. "군주는 신하를 예禮로써 부리고, 신하는 군주를 충성으로써 섬기면 됩니다."

定公問, 君使臣, 臣事君, 如之何. 孔子對曰, 君使臣以禮, 臣事君以忠.

3.20

선생님께서 말씀하셨다. "「관저」*는 즐겁되 흐트러지지 않고, 슬프되 비통하지 않다."

子曰, 關雎, 樂而不淫, 哀而不傷.

3.21

애공(노나라 군주)이 재아**에게 사社***에 대해 물었다. 재아가 대답하였다. "하나라 왕조는 소나무로 하였고, 은나라 사람들은 잣나무로 하였고, 주나라 사람들은 밤나무로 하였습니다. 피치자들을 전율케 하려고 그런 거라는 말이 있습니다." 선생님께서 그에 대해 듣고 말씀하셨다. "이미 이루어진 일이라서 말하지 않고, 돌이킬 수 없는 일이라서 간언하지 않고,

---

* 「관저(關雎)」: 『시경』「주남(周南)」의 첫 번째 시.
** 재아(宰我): 성은 재(宰), 이름은 여(予), 자는 자아(子我)이며, 재아(宰我)라고 흔히 부른다. 공자 제자, 노나라 사람.
*** 사(社): 토지를 관장하는 신(神). 나무를 심어서 그 신을 상징하였다.

지나간 일이라서 탓하지 않는다."

哀公問社於宰我. 宰我對曰, 夏后氏以松, 殷人以栢, 周人以栗,
曰, 使民戰栗. 子聞之曰, 成事不說, 遂事不諫, 旣往不咎.[10]

3.22

선생님께서 말씀하셨다. "관중*은 그릇이 작구나." 누군가 말하였다. "관중은 검소합니까?" 말씀하셨다. "관중은 거대한 영지가 있었고, 공무도 겸직하지 못하게 하였으니 어찌 검소하다고 할 수 있겠는가?" "그러면 관중이 예禮를 알았습니까?" 말씀하셨다. "군주라야 자기 문에 가림벽을 세우는 법인데, 관중도 가림벽을 세웠다. 군주라야 양국 우호를 다지는 자리에 반점**을 마련하는 법인데, 관중도 그런 대를 만들었다. 관중이 예禮를 안다고 하면 누가 예禮를 알지 못하리오?"

子曰, 管仲之器小哉. 或曰, 管仲儉乎. 曰, 管氏有三歸, 官事不攝, 焉得儉. 然則管仲知禮乎. 曰, 邦君樹塞門, 管氏亦樹塞門. 邦君爲兩君之好, 有反坫, 管氏亦有反坫. 管氏而知禮, 孰不知禮.[11]

---

*   관중(管仲): 제(齊)나라 대부.
** 반점(反坫): 술잔을 두는 대.

3.23

선생님께서 노나라 음악을 총괄하는 관리에게 음악에 대해 말씀하셨다. "음악이라면 알 만하지요. 시작은 조화로워야 하고, 소리가 울려 퍼질 때에는 부드럽게 이어져야 합니다. 깔끔하면서도 끊임없이 이어져 마무리되는 것입니다."

子語魯大師樂, 曰, 樂其可知也. 始作, 翕如也, 從之, 純如也. 皦如也, 繹如也, 以成.

3.24

의儀* 땅의 국경 관리자가 공자를 뵙기를 청하며 말하였다. "군자가 이곳에 이르면 제가 뵙지 않는 경우가 없습니다." 공자를 따르는 제자들이 공자를 뵙게 해주었다. 뵙고 나와 그는 이렇게 말하였다. "여러분은 선생님이 관직을 잃은 것에 대해 뭘 걱정하십니까? 천하에 도道가 없어진 지 오래입니다. 하늘이 장차 선생님을 [세상을 깨우치는] 목탁으로 삼을 것입니다."

儀封人請見, 曰, 君子之至於斯也, 吾未嘗不得見也. 從者見之. 出曰, 二三子何患於喪乎. 天下之無道也久矣. 天將以夫子爲木鐸.

---

* 의(儀): 위(衛)나라의 지역 이름.

3.25

선생님께서 순임금 시절 음악(소악韶樂)에 대해 이렇게 평가하였다. "미美를 다하고, 또 선善을 다하였도다." 주나라 무왕 시절 음악(무악武樂)에 대해서는 이렇게 평가하였다. "미美는 다하였지만 선善은 채 다하지 못하였다."

子謂韶, 盡美矣, 又盡善也. 謂武, 盡美矣, 未盡善也.

3.26

선생님께서 말씀하셨다. "윗자리를 차지하고 있으면서 관용을 베풀지 않고, 예禮를 행하되 공경하지 않고, 상례에 임해서 슬퍼하지 않으면, 내가 무엇으로 그를 보겠는가?"

子曰, 居上不寬, 爲禮不敬, 臨喪不哀, 吾何以觀之哉.

4

이인

里仁

4.1

선생님께서 말씀하셨다. "마을이 인仁하면 아름답다. 인仁한 곳을 택해 살지 않는데, 지혜롭다고 할 수 있겠는가."

子曰, 里仁爲美. 擇不處仁, 焉得知.

4.2

선생님께서 말씀하셨다. "인仁하지 않은 사람은 곤궁한 상황에 오래 머물지 못하고, 즐거운 상황에도 오래 머물지 못한다. 인仁한 사람은 인仁을 편히 여기고, 지혜로운 사람은 인仁을 이롭게 여긴다."

子曰, 不仁者, 不可以久處約, 不可以長處樂. 仁者, 安仁, 知者, 利仁.

4.3

선생님께서 말씀하셨다. "오직 인仁한 사람만 남을 좋아할 수 있고, 미워할 수 있다."

子曰, 惟仁者, 能好人, 能惡人.

4.4

선생님께서 말씀하셨다. "만약 인仁에 뜻을 두기만 하면, 악惡이 없을 것이다."

子曰, 苟志於仁矣, 無惡也.

4.5

선생님께서 말씀하셨다. "부유함과 귀함, 이것은 사람들이 바라는 바이다. 합당한 도道로써 그것을 얻지 못하면 거기에 머물지 않아야 한다. 가난함과 천함, 이것은 사람들이 싫어하는 바이다. 합당한 도道로써 그것을 얻지 못하면 거기서 떠나지 않아야 한다. 군자가 인仁을 떠나면 어찌 그 이름을 이룰 수 있겠는가? 군자는 밥 한 끼 먹을 시간에도 인仁을 어기는 일이 없어서, 안정된 상황이든 아니든 반드시 인仁을 따른다."[12]

子曰, 富與貴, 是人之所欲也. 不以其道得之, 不處也. 貧與賤, 是人之所惡也. 不以其道得之, 不去也. 君子去仁, 惡乎成名. 君子無終食之間違仁, 造次必於是, 顚沛必於是.[13]

4.6

선생님께서 말씀하셨다. "나는 인仁을 좋아하는 사람과 인仁하지 않음을 미워하는 사람을 아직 보지 못하였다. 인仁을 좋아하는 사람이야 더할 나위 없다. 인仁하지 않음을 미워하는 사람은, 인仁을 실천하면서 인仁하지 않음이 자신에게 더해지지 못하게 한다. 하루라도 자기 힘을 인仁에다 쏟아부을 수 있는 사람이 있는가? 나는 힘이 부족한 사람은 아직 보지 못하였다. 있기는 하겠지만 나는 아직 보지 못하였다."

子曰, 我未見好仁者, 惡不仁者. 好仁者, 無以尙之. 惡不仁者, 其爲仁矣, 不使不仁者加乎其身. 有能一日用其力於仁矣乎. 我未見力不足者. 蓋有之矣, 我未之見也.

4.7

선생님께서 말씀하셨다. "사람의 허물은 각기 그 부류에 따라 다르다. 허물을 보면 곧 인仁에 대해 알 수 있다."

子曰, 人之過也, 各於其黨. 觀過, 斯知仁矣.

4.8

선생님께서 말씀하셨다. "아침에 도道를 들으면 저녁에 죽어도 좋다."

子曰, 朝聞道, 夕死可矣.

4.9

선생님께서 말씀하셨다. "사士의 경우, 도道에 뜻을 두고서도 나쁜 옷과 나쁜 음식을 부끄러워한다면, 아직 거론할 만하지 않다."

子曰, 士, 志於道, 而恥惡衣惡食者, 未足與議也.[14]

4.10

선생님께서 말씀하셨다. "군자가 천하에서 처신하는 경우, 친할 것도 없고 소원해질 것도 없다. 올바름과 더불어 짝한다."

子曰, 君子之於天下也, 無適也, 無莫也, 義之與比.[15]

4.11

선생님께서 말씀하셨다. "군자는 덕德을 염두에 두고, 소인은 땅을 염두에 둔다. 군자는 형벌을 염두에 두고, 소인은 혜택을 염두에 둔다."

子曰, 君子懷德, 小人懷土, 君子懷刑, 小人懷惠.

4.12

선생님께서 말씀하셨다. "이익을 마구 좇아 행동하면, 원망을 많이 사게 된다."

子曰, 放於利而行, 多怨.

4.13

선생님께서 말씀하셨다. "예禮와 겸양으로 나라를 다스릴 수 있다면 무슨 어려움이 있으리오! 예禮와 겸양으로 나라를 다스릴 수 없다면 예禮를 어떻게 하랴!"

子曰, 能以禮讓爲國乎, 何有. 不能以禮讓爲國, 如禮何.

4.14

선생님께서 말씀하셨다. "자리 없음을 걱정하지 말고, 과연 그 자리를 맡을 수 있는 역량이 있는지를 걱정하라. 자신을 알아주는 사람이 아무도 없다고 걱정하지 말고, 알아줄 만하게 되기를 구하라."

子曰, 不患無位, 患所以立. 不患莫己知, 求爲可知也.

4.15

선생님께서 말씀하셨다. "삼參(증자의 이름)아! 나의 도道는 하나로 꿰뚫는다." 증자가 말하였다. "네." 선생님께서 나가시자, 문인들이 물었다. "뭐라고 하신 거요?" 증자가 말하였다. "선생님의 도道는 충성스러움, 그리고 자기 마음을 비추어 남을 배려하는 것일 뿐이다."

子曰, 參乎. 吾道一以貫之. 曾子曰, 唯. 子出, 門人問曰, 何謂也. 曾子曰, 夫子之道, 忠恕而已矣.

4.16

선생님께서 말씀하셨다. "군자는 올바름에 밝고, 소인은 이익에 밝다."

子曰, 君子喩於義, 小人喩於利.

4.17

선생님께서 말씀하셨다. "현능한 사람을 보면 그와 같아지기를 생각하고, 현능하지 못한 사람을 보면 속으로 스스로를 반성한다."

子曰, 見賢思齊焉, 見不賢而內自省也.

4.18

선생님께서 말씀하셨다. "부모를 섬길 때 은근히 간쟁해야 하고, 부모의 뜻이 간쟁하는 대로 바뀌지 않는 것을 보고서도, 공경하여 거스르지 말아야 하고, 수고스럽더라도 원망하지 마라."

子曰, 事父母幾諫, 見志不從, 又敬不違, 勞而不怨.

4.19

선생님께서 말씀하셨다 "부모가 살아 계실 때는 멀리 가지 않고, 가더라도 정한 곳에 가야 한다."

子曰, 父母在, 不遠遊, 遊必有方.

4.20

선생님께서 말씀하셨다. "3년 동안 아버지의 도道를 바꾸지 않으면 효孝라고 할 만하다."

子曰, 三年無改於父之道, 可謂孝矣.*

4.21

선생님께서 말씀하셨다. "부모의 연세는 꼭 알아야 한다. 한편으로는 그 때문에 기쁘고, 다른 한편으로는 그 때문에 두렵다."

子曰, 父母之年, 不可不知也. 一則以喜, 一則以懼.

4.22

선생님께서 말씀하셨다. "옛날에는 말을 함부로 하지 않았는데, 몸소 실천함이 그 말에 미치지 못함을 부끄러워해서였다."

子曰, 古者言之不出, 恥躬之不逮也.

4.23

선생님께서 말씀하셨다. "절제해서 잘못하는 경우는 드물다."

子曰, 以約失之者鮮矣.

---

* 三年無改於父之道, 可謂孝矣: 「학이」 11에 나온 구절이다.

4.24

선생님께서 말씀하셨다. "군자는 말은 신중히 하되 행동에 옮기려고 애쓴다."

子曰, 君子欲訥於言, 而敏於行.[16]

4.25

선생님께서 말씀하셨다. "덕德 있는 사람은 외롭지 않으니 반드시 이웃이 있다."

子曰, 德不孤, 必有鄰.

4.26

자유(언언)가 말하였다. "많은 군주를 섬기면 욕을 당하게 되고, 많은 붕우와 관계를 맺으면 소원해진다."

子游曰, 事君數, 斯辱矣, 朋友數, 斯疏矣.[17]

5

공야장

公冶長

공야장公冶長

5.1

선생님께서 공야장*을 평하셨다. "그에게 딸을 시집보낼 만하다. 비록 옥에 갇힌 적이 있었으나, 그의 죄가 아니었다." 그러고는 자기 자식을 시집보냈다.

子謂公冶長, 可妻也. 雖在縲絏之中, 非其罪也. 以其子妻之.

5.2

선생님께서 남용**을 평하셨다. "나라에 도道가 있을 때에는 버려지지 않고 쓰일 것이고, 나라에 도道가 없을 때에는 형벌을 면할 것이다." 그러고는 형의 자식을 그에게 시집보냈다.

子謂南容, 邦有道, 不廢, 邦無道, 免於刑戮. 以其兄之子妻之.

5.3

선생님께서 자천***을 평하셨다. "군자로구나, 이와 같은 사람은! 노나라에 군자가 없었다면, 이 사람이 어디서 이런 덕德을 얻었겠는가?"

---

* 공야장(公冶長): 성은 공야(公冶), 이름은 장(長), 자는 자장(子長)이다. 공자 제자, 제나라 사람.
** 남용(南容): 성은 남궁(南宮), 이름은 괄(适)이고, 자는 자용(子容)이다. 남용(南容)은 남궁자용을 간략히 부른 것이다. 일설에 따르면 노나라 대부인 남궁경숙(南宮敬叔)으로 보기도 한다. 공자 제자, 노나라 사람.
*** 자천(子賤): 성은 복(宓), 이름은 부제(不齊)이고, 자가 자천(子賤)인데 복자천(宓子賤)으로 더 잘 알려졌다. 공자 제자, 노나라 사람.

子謂子賤, 君子哉, 若人. 魯無君子者, 斯焉取斯.

5.4

자공이 여쭈었다. "저는 어떻습니까?"
선생님께서 말씀하셨다. "너는 그릇이다."
[자공이] 여쭈었다. "어떤 그릇입니까?"
[선생님께서] 말씀하셨다. "종묘 제사에 쓰는 호련*이다."

子貢問曰, 賜也, 何如. 子曰, 女, 器也. 曰, 何器也. 曰, 瑚璉也.

5.5

누군가 말하였다. "옹雍**은 인仁하기는 한데 말재주가 없네요." 선생님께서 말씀하셨다. "말재주를 어디에 쓰겠소? 말재주로만 남을 대하면, 사람들에게 자주 미움을 받는 법이오. 옹이 인仁한지는 모르겠지만, 말재주를 어디에 쓰겠소?"

或曰, 雍也, 仁而不佞. 子曰, 焉用佞. 禦人以口給, 屢憎於人. 不知其仁, 焉用佞.[18]

---

*   호련(瑚璉): 종묘 제사 때 음식을 담는 귀한 그릇으로, 자공을 호련에 비유한 것은 그가 뛰어난 인재라는 뜻이다.
** 옹(雍): 성은 염(冉), 이름이 옹(雍)이며, 자는 중궁(仲弓)이다. 공자 제자, 노나라 사람.

5.6

선생님께서 칠조개*에게 관직에 나아가라고 하셨다. 그러자 칠조개가 대답하였다. "저는 아직 이 일에 확신이 없습니다." 선생님께서 기뻐하셨다.

子使漆雕開仕. 對曰, 吾斯之未能信. 子說.[19]

5.7

선생님께서 말씀하셨다. "도道가 행하여지지 않아 뗏목 타고 바다를 둥둥 떠다녀도, 나를 따를 사람은 유由(자로의 이름)일 것이다." 자로가 그 말씀을 듣고 기뻐하였다. 선생님께서 말씀하셨다. "유는 용맹을 좋아하는 것이 나보다 낫다. 그런데 뗏목 재목을 취할 곳이 없네."

子曰, 道不行, 乘桴浮于海. 從我者, 其由與. 子路聞之喜. 子曰, 由也, 好勇過我. 無所取材.[20]

5.8

맹무백(노나라 대부)이 [공자 제자들에 대해] 여쭈었다. "자로는 인仁합니까?" 선생님께서 말씀하셨다. "모르겠소." 또 여쭈었다. 선생님께서 말씀하셨다. "유由(자로)는 제후국에서 군사일

---

* 칠조개(漆雕開): 성은 칠조(漆雕), 이름은 계(啓), 자는 자개(子開), 자약(子若)이다. 공자 제자, 노나라 사람.

을 맡아 다스리게 할 수는 있지만, 그가 인仁한지는 모르겠소." "그럼 구求*는 어떻습니까?" 선생님께서 말씀하셨다. "구는 제후국 대부의 가신을 시킬 수는 있지만 그가 인仁한지는 모르겠소." "그럼 적赤**은 어떤가요?" 선생님께서 말씀하셨다. "적은 조정朝廷에서 관복에 띠를 두르고, 빈객들과 더불어 이야기하게 할 수는 있지만, 그가 인仁한지는 모르겠소."

孟武伯問, 子路仁乎. 子曰, 不知也. 又問. 子曰, 由也, 千乘之國, 可使治其賦也, 不知其仁也. 求也, 何如. 子曰, 求也, 千室之邑, 百乘之家, 可使爲之宰也, 不知其仁也. 赤也, 何如. 子曰, 赤也, 束帶立於朝, 可使與賓客言也, 不知其仁也.

5.9

선생님이 자공에게 말씀하셨다. "너와 회回(안회) 중에 누가 나은가?" 자공이 대답하였다. "제가 어찌 회를 감히 넘보겠습니까? 회는 하나를 들으면 열을 알고, 저는 하나를 들으면 둘을 압니다." 선생님께서 말씀하셨다. "회만 못하지. 나와 너는 회만 못하지."[21]

子謂子貢曰, 女與回也, 孰愈. 對曰, 賜也, 何敢望回. 回也, 聞

---

* 구(求): 성은 염(冉), 이름은 구(求)이나 염유(冉有) 혹은 염자(冉子)라고 흔히 부른다. 공자 제자, 노나라 사람.
** 적(赤): 성은 공서(公西,) 이름이 적(赤)이다. 자는 자화(子華)이며, 공서화(公西華)라고도 한다. 공자 제자, 노나라 사람.

一以知十, 賜也, 聞一以知二. 子曰, 弗如也. 吾與女, 弗如也.

5.10

재여*가 낮잠을 잤다. 선생님께서 말씀하셨다. "썩은 나무는 조각을 할 수 없고, 분토**로 된 담장은 흙손질할 수 없다. 재여에게 무엇을 나무라랴." 선생님께서 말씀하셨다. "처음에 내가 사람을 대할 때, 그 사람의 말을 듣고 그의 행동을 믿었다. 이제 나는 사람을 대할 때, 그 사람의 말을 듣고서 그의 행동까지 살펴본다. 재여 때문에 내가 이렇게 바꾸게 되었다."

宰予晝寢. 子曰, 朽木不可雕也, 糞土之牆不可杇也, 於予與何誅. 子曰, 始吾於人也, 聽其言而信其行. 今吾於人也, 聽其言而觀其行. 於予與改是.

5.11

선생님께서 말씀하셨다. "나는 아직 강직한 사람을 보지 못하였다." 누군가 대답하였다. "신정***이요." 선생님께서 말씀하셨다. "신정은 욕심이 많다. 어찌 강직할 수 있겠는가?"

子曰, 吾未見剛者. 或對曰, 申棖. 子曰, 棖也慾. 焉得剛.

---

*   재여(宰予): 공자 제자로, 흔히 재아(宰我)라고 부른다.
**   분토(糞土): 푸석한 썩은 흙.
*** 신정(申棖): 공자 제자, 노나라 사람.

5.12

자공이 말하였다. "저는 남이 저에게 못되게 구는 것을 원치 않고, 저 역시 남에게 못되게 굴지 않으려 합니다." 선생님께서 말씀하셨다. "사賜(자공)야, 네가 미칠 바가 아니다."

子貢曰, 我不欲人之加諸我也, 吾亦欲無加諸人. 子曰, 賜也, 非爾所及也.[22]

5.13

자공이 말하였다. "선생님의 세련된 표현에 대해서는 들을 수 있었지만, 선생님께서 성性과 천도天道에 대해 말씀하신 것만큼은 들을 수 없었다."

子貢曰, 夫子之文章, 可得而聞也, 夫子之言性與天道, 不可得而聞也.

5.14

자로는 가르침을 들었는데, 아직 실천하지 못한 것이 있으면 오직 또 [다른 가르침을] 들을까 걱정하였다.

子路有聞, 未之能行, 唯恐有聞.

5.15

자공이 여쭈었다. "공문자*에게 어째서 문文이라고 시호를 붙

---

*   공문자(孔文子): 위나라 대부. 성은 공(孔), 이름은 어(圉), 중숙어(仲叔圉)라고도

였습니까?" 선생님께서 말씀하셨다. "애써 배움을 좋아하였고, 아랫사람에게 묻는 것을 부끄러워하지 않았다. 그래서 문文이라고 평가한 것이다."

子貢問曰, 孔文子, 何以謂之文也. 子曰, 敏而好學, 不恥下問, 是以謂之文也.

5.16

선생님께서 자산*을 이렇게 평가하셨다. "[그는] 군자의 도를 네 가지 가졌다. 그는 행동할 때 공손하였고, 윗사람을 섬길 때 공경하였고, 피치자들을 기를 때 은혜로웠고, 피치자들을 부릴 때 올발랐다."

子謂子産, 有君子之道四焉. 其行己也恭, 其事上也敬, 其養民也惠, 其使民也義.

5.17

선생님께서 말씀하셨다. "안평중(제나라 대부)은 남과 사귀는 일을 잘하였다. 오래되어도 사람들이 그를 공경하였다."

子曰, 晏平仲善與人交, 久而敬之.[23]

    한다. 죽은 뒤 시호를 문(文)이라 받았기에 공문자(孔文子)라고 부른다.
* 자산(子産): 정(鄭)나라 대부. 성은 공손(公孫)이고 이름은 교(僑)이다. 자산(子産)은 그의 자다. 일명 정자산(鄭子産)이라고 부른다.

5.18

선생님께서 말씀하셨다. "장문중(노나라 대부)은 점치는 데 쓰는 큰 거북이를 소장하였는데, [보관하는 곳] 기둥머리에는 산 모양을 조각하고, 들보의 동자기둥에는 수초 그림을 그렸다. 그러니 어찌 그가 지혜롭다고 하겠는가?"

子曰, 臧文仲居蔡, 山節藻梲, 何如其知也.

5.19

자장이 여쭈었다. "영윤*인 자문(초나라 대부)이 세 번이나 벼슬길에 나가 영윤이 되었음에도 기뻐하는 기색이 없었고, 세 번이나 그만두면서도 열받은 기색이 없었습니다. 그리고 옛 영윤의 정치를 반드시 새 영윤에게 알려주었습니다. 어떻습니까?" 선생님께서 말씀하셨다. "충성스럽다." 다시 여쭈었다. "인仁합니까?" 선생님께서 대답하셨다. "아직 모르겠다. 어찌 인仁힐 수 있겠는가." 다시 여쭈었다. "최자(제나라 대부)가 제나라 군주를 시해하자, 진문자(제나라 대부)는 그를 모실 상당한 지위에 있었는데도 다 버리고 떠났습니다. 다른 나라에 이르러서 '우리 대부 최자와 같구나' 하고서 그곳을 떠났습니다. 또 다른 나라에 이르러서 말하기를 '우리 대부 최자와 같구나' 하고서 또 떠났습니다. 어떻습니까?" 선생님께서 말

---

* 영윤(令尹): 초(楚)나라의 최고위 관직.

쏨하셨다. "맑다." 다시 여쭈었다. "인仁합니까?" 대답하였다. "아직 모르겠다. 어찌 인仁할 수 있겠는가."

子張問曰, 令尹子文三仕爲令尹, 無喜色, 三已之, 無慍色. 舊令尹之政, 必以告新令尹. 何如. 子曰, 忠矣. 曰, 仁矣乎. 曰, 未知, 焉得仁. 崔子弑齊君, 陳文子有馬十乘, 棄而違之. 至於他邦, 則曰, 猶吾大夫崔子也. 違之. 之一邦, 則又曰, 猶吾大夫崔子也. 違之. 何如. 子曰, 淸矣. 曰, 仁矣乎. 曰, 未知, 焉得仁.[24]

5.20

계문자*는 세 번 생각한 후에 행동에 옮겼다. 선생님께서 듣고서 말씀하셨다. "두 번이면 되었을 것을."

季文子三思而後行. 子聞之, 曰, 再斯可矣.

5.21

선생님께서 말씀하셨다. "영무자(위나라 대부)는 나라에 도道가 있을 때는 지혜로웠고, 나라에 도道가 없을 때는 우직하였다. 그의 지혜에는 미칠 수 있으나, 그의 우직함에는 미칠 수 없다."

子曰, 甯武子, 邦有道, 則知, 邦無道, 則愚. 其知可及也, 其愚不可及也.

---

* 계문자(季文子): 노나라 대부. 계손씨(季孫氏) 가문의 인물로, 이름은 행보(行父)다.

5.22

선생님께서 진陳나라에서 말씀하셨다. "돌아가리로다, 돌아가리로다. 우리네 젊은이들이 광간하네. 멋지게 세련된 표현을 할 줄 알아야 하는데, 마름질하는 법을 모르네."

子在陳, 曰, 歸與, 歸與, 吾黨之小子狂簡, 斐然成章, 不知所以裁之.²⁵

5.23

선생님께서 말씀하셨다. "백이와 숙제*는 구악舊惡을 염두에 두지 않았다. 그래서 원망함이 드물었다."

子曰, 伯夷, 叔齊, 不念舊惡, 怨是用希.

5.24

선생님께서 말씀하셨다. "누가 미생고**를 곧다고 평가하였는가? 누군가 식조를 빌러 다니자, 이웃에서 빌어다 주었다."

子曰, 孰謂微生高直. 或乞醯焉, 乞諸其鄰而與之.

---

* 백이(伯夷)와 숙제(叔齊): 백이와 숙제는 은나라 고죽국(孤竹國)의 왕자들로, 사마천(司馬遷)의 『사기(史記)』에 따르면, 주나라 무왕(武王)이 은나라를 무너뜨리자 무왕을 섬기기를 거부하고 수양산에 들어가 굶어 죽었다고 한다.
** 미생고(微生高): 성은 미생(微生)이고, 이름이 고(高)이다. 노나라 사람.

5.25

선생님께서 말씀하셨다. "말을 교묘하게 하고, 겉모습을 꾸미고, 과도하게 공손히 하는 것을 좌구명*이 부끄럽게 여겼다. 나 역시 그런 것을 부끄럽게 여긴다. 원망을 감추고 그 사람과 벗하는 것을 좌구명이 부끄럽게 여겼는데, 나 역시 그런 것을 부끄럽게 여긴다."

子曰, 巧言, 令色, 足恭, 左丘明恥之, 丘亦恥之. 匿怨而友其人, 左丘明恥之, 丘亦恥之.

5.26

안연(안회)과 계로(자로)가 선생님을 모시고 있었다. 선생님께서 말씀하셨다. "어찌 각자 너희의 뜻을 말하지 않느냐?" 자로가 말하였다. "바라건대 수레와 말과 가벼운 갖옷을 붕우와 함께 쓰다가 해지더라도 원망하지 않으려고 합니다." 안연이 말하였다. "바라건대, 나 잘난 바를 자랑하지 않고, 남 고생시키지 않으려고 합니다." 자로가 여쭈었다. "선생님의 뜻을 듣고 싶습니다." 선생님께서 말씀하셨다. "늙은이의 경우는 편케 해주고, 붕우의 경우는 신뢰로 대하고, 젊은이의 경우는 은혜로 품어주련다."

* 좌구명(左丘明): 성은 좌구(左丘), 이름은 명(明)이다. 『춘추좌씨전(春秋左氏傳)』(일명 『춘추좌전』 혹은 『좌전』)과 『국어(國語)』를 지었다고 알려진 춘추시대 노나라 역사가.

顔淵季路侍. 子曰, 盍各言爾志. 子路曰, 願車馬衣輕裘, 與朋友共, 敝之而無憾. 顔淵曰, 願無伐善, 無施勞. 子路曰, 願聞子之志. 子曰, 老者安之, 朋友信之, 少者懷之.[26]

5.27

선생님께서 말씀하셨다. "끝났구나! 나는 자신의 허물을 발견하고, 속으로 스스로를 나무라는 사람을 아직 보지 못하였다."

子曰, 已矣乎, 吾未見能見其過, 而內自訟者也.

5.28

선생님께서 말씀하셨다. "작은 마을에 반드시 나만큼 충성스럽고 믿음직스러운 사람이 있을 것이다. 그러나 나만큼 배움을 좋아하지는 않을 것이다."

子曰, 十室之邑, 必有忠信如丘者焉, 不如丘之好學也.

6

雍也

옹야雍也

6.1

선생님께서 말씀하셨다. "옹雍(염옹)은 통치하게 할 만하다."

子曰, 雍也, 可使南面.

6.2*

중궁(염옹)이 자상백자(노나라 사람)에 대해 여쭈었다. 선생님께서 말씀하셨다. "괜찮지. 대범하다." 중궁이 말하였다. "공경을 바탕으로 하되 대범함을 실천하여 피치자들에게 임하면 참으로 괜찮지 않습니까? [그러나] 대범함을 바탕으로 해서 또 대범함을 실천하면, 너무 대범하지 않을까요?" 선생님께서 말씀하셨다. "네 말이 맞다."

仲弓問子桑伯子. 子曰, 可也, 簡. 仲弓曰, 居敬而行簡, 以臨其民, 不亦可乎. 居簡而行簡, 無乃大簡乎. 子曰, 雍之言然.

6.3

애공(노나라 군주)이 물었다. "제자 중에서 누가 배움을 좋아한다고 하시겠소?" 공자가 대답하였다. "안회라는 사람이 있었습니다. 그가 배우기를 좋아하고, 화를 옮기지 않고 같은 잘못을 거듭 저지르지 않았습니다. 불행히도 명이 짧아 죽었습니다. 지금은 [그런 사람이] 없습니다. 배우기를 좋아하는 사람

* 주희는 6.1과 6.2를 하나의 장으로 보았다.

을 아직 들어본 적 없습니다."

哀公問, 弟子孰爲好學. 孔子對曰, 有顏回者好學, 不遷怒, 不貳過. 不幸短命死矣, 今也則亡, 未聞好學者也.

6.4

자화(공서적)가 제나라에 심부름을 가자, 염자(염구)가 자화 어머니를 위해 곡식을 요청하였다. 선생님께서 말씀하셨다. "그에게 1부釜를 주어라." 더 줄 것을 청하자, 선생님께서 말씀하셨다. "1유庾를 주어라." 염자는 그에게 곡식 5병秉을 주었다.*
선생님께서 말씀하셨다. "적赤(자화)이 제나라에 가는데, 살진 말을 타고, 가벼운 갖옷을 입고 갔다. 내가 듣기로는, 군자는 궁핍한 사람을 도와주지, 부자에게 더해주지는 않는다고 하더라."

子華使於齊, 冉子爲其母請粟. 子曰, 與之釜. 請益. 曰, 與之庾. 冉子與之粟五秉. 子曰, 赤之適齊也, 乘肥馬, 衣輕裘. 吾聞之也, 君子周急不繼富.

6.5

원사**가 [공자의 채읍采邑을 관리하는] 읍재가 되자, 곡식 900말을

---

* 마융(馬融)의 주석에 따르면 부(釜)는 여섯 말 넉 되이고, 병(秉)은 열여섯 섬이다. 포함(包咸)의 주석에 따르면, 유(庾)는 열여섯 말이다.
** 원사(原思): 성은 원(原), 이름은 헌(憲), 자가 자사(子思)이다. 공자 제자, 노나라 사람.

그에게 주었다. 원사가 사양하자 선생님께서 말씀하셨다. "그러지 마라. 너의 지역 사람들에게 나누어주어라."

原思爲之宰, 與之粟九百, 辭. 子曰, 毋, 以與爾鄰里鄕黨乎.

6.6

선생님께서 [악행을 저지른 이의 아들인] 중궁(염옹)을 평가해서 말씀하셨다. "얼룩소의 송아지가 털색이 붉고 뿔이 반듯하면, 비록 쓰지 않으려고 해도 산천이 차마 그를 버리랴?"

子謂仲弓曰, 犁牛之子, 騂且角, 雖欲勿用, 山川其舍諸.

6.7

선생님께서 말씀하셨다. "회回(안회)는 그 마음이 석 달 동안 인仁에서 떠나지 않았다. 그 나머지 제자들은 하루나 한 달에 한 번 인仁에 이를 뿐이다."

子曰, 回也, 其心三月不違仁, 其餘則日月至焉而已矣.

6.8

계강자(노나라 대부)가 물었다. "중유(자로)는 정사에 종사하게 할 만합니까?" 선생님께서 말씀하셨다. "유由는 과감하니, 정사에 종사함에 무슨 어려움이 있겠습니까?" 계강자가 물었다. "사賜(자공)는 정사에 종사하게 할 만합니까?" 선생님께서 말씀하셨다. "사는 달통한 사람이니, 정사에 종사함에 무슨 어려움이 있겠습니까?" 계강자가 물었다. "구求(염구)는 정사에 종사하게 할 만합니까?" 선생님께서 말씀하셨다. "구는 재주가 많으니, 정사에 종사함에 무슨 어려움이 있겠습니까?"

季康子問, 仲由可使從政也與. 子曰, 由也果, 於從政乎何有. 曰, 賜也可使從政也與. 曰, 賜也達, 於從政乎何有. 曰, 求也可使從政也與. 曰, 求也藝, 於從政乎何有.

6.9

계씨(노나라 대부)가 민자건*을 [모반이 잦은] 비費 땅의 읍재로 삼으려 하자, 민자건이 [사자에게] 말하였다. "나를 위해 거절하겠다는 뜻을 잘 전해주오. 다시 날 부르러 오는 사람이 있으면, 나는 반드시 [제나라의] 문수** 가에 있을 것이오."

季氏使閔子騫爲費宰. 閔子騫曰, 善爲我辭焉. 如有復我者, 則吾必在汶上矣.

6.10

백우***가 병에 걸리자 선생님께서 그를 문병하였다. 창문 너머

---

* 민자건(閔子騫): 성은 민(閔), 이름은 손(損), 자가 자건(子騫)이다. 공자 제자, 노나라 사람.
** 문수(汶水): 제나라와 노나라의 국경을 지나는 강 이름. "문수 가에 있을 것"이라는 말은 노나라에서 제나라로 가겠다는 뜻이다.
*** 백우(伯牛): 성은 염(冉), 이름은 경(耕), 자가 백우(伯牛)이다. 공자 제자, 노나라 사람.

에서 그의 손을 잡고서 말씀하셨다. "이럴 수가 없는데, 운명이로다! 이 사람이 이런 병에 걸리다니! 이 사람이 이런 병에 걸리다니!"

伯牛有疾, 子問之. 自牖執其手, 曰, 亡之, 命矣夫. 斯人也, 而有斯疾也, 斯人也, 而有斯疾也.

6.11

선생님께서 말씀하셨다. "현능하구나, 회回(안회)는! 한 그릇 밥과 한 바가지 물로 누추한 동네에서 사는 경우, 다른 사람 같으면 그 근심을 감당치 못하였을 텐데, 회는 그 즐거움을 바꾸지 않는다. 현능하구나, 회는!"

子曰, 賢哉, 回也. 一簞食, 一瓢飮, 在陋巷, 人不堪其憂, 回也不改其樂. 賢哉, 回也.

6.12

염구가 말하였다. "선생님의 도道를 기뻐하지 않는 것은 아니지만, 힘이 부족합니다." 선생님께서 말씀하셨다. "힘이 부족하면 중간에 그만둔다. 그런데 지금 너는 [해보지도 않고] 금을 긋는구나."

冉求曰, 非不說子之道, 力不足也. 子曰, 力不足者, 中道而廢. 今女畫.

6.13

선생님이 자하에게 말씀하셨다. "너는 군자 같은 식자가 되어라. 소인 같은 식자가 되지 말아라."

子謂子夏曰, 女爲君子儒, 無爲小人儒.

6.14

자유(언언)가 무성*의 읍재가 되었다. 선생님께서 말씀하셨다. "너는 그곳에서 사람을 얻었는가?" 대답하였다. "담대멸명**이라는 사람이 있습니다. 그는 길을 갈 때 지름길을 택하지 않았고, 공적인 일이 아니면 제 방에 오지 않습니다."

子游爲武城宰. 子曰, 女得人焉耳乎. 曰, 有澹臺滅明者, 行不由徑, 非公事, 未嘗至於偃之室也.

6.15

선생님께서 말씀하셨다. "맹지반(노나라 대부)은 자랑하지 않는다. 패주할 때 그는 군대의 후미에 있었다. 도성 문에 들어설 무렵에야 자신의 말을 채찍질하며 '감히 뒤에 서려던 게 아니다. 말이 나아가지 않았다'라고 하였다."

---

* 무성(武城): 노나라의 고을 이름.
** 담대멸명(澹臺滅明): 성은 담대(澹臺), 이름은 멸명(滅明), 자는 자우(子羽)이다. 공자 제자, 노나라 사람.

子曰, 孟之反不伐, 奔而殿, 將入門, 策其馬曰, 非敢後也, 馬不進也.

6.16

선생님께서 말씀하셨다. "축관(종묘의 관원)인 타鮀*의 말재주와 송나라의 조朝**와 같은 미모를 갖고 있지 않으면 오늘날 세상에서 [나라가 재난을] 면하기 어렵구나."

子曰, 不有祝鮀之佞, 而有宋朝之美, 難乎免於今之世矣.[27]

6.17

선생님께서 말씀하셨다. "누가 문을 통하지 않고서 나갈 수 있으리오? 어째서 이 도道를 말미암는 사람이 아무도 없는가?"

子曰, 誰能出不由戶, 何莫由斯道也.

6.18

선생님께서 말씀하셨다. "바탕이 세련된 표현을 압도하면 촌놈이고, 세련된 표현이 바탕을 압도하면 문서 작성 관리이고, 세련된 표현과 바탕이 균형을 이룬 이후에야 군자다."

子曰, 質勝文則野, 文勝質則史. 文質彬彬, 然後君子.

---

*　타(鮀): 위나라 대부.
**　조(朝): 송나라 공자(公子)로, 미남자였다.

6.19

선생님께서 말씀하셨다. "사람의 삶은 곧아야 한다. 곧지 않은 데도 살고 있는 것은, 요행히 화를 면하고 있는 것이다."

子曰, 人之生也直, 罔之生也, 幸而免.

6.20

선생님께서 말씀하셨다. "아는 것은 좋아하는 것만 못하고, 좋아하는 것은 즐기는 것만 못하다."

子曰, 知之者, 不如好之者, 好之者, 不如樂之者.

6.21

선생님께서 말씀하셨다. "중간 이상의 사람은 높은 차원에 대해 가르쳐줄 수 있고, 중간 이하의 사람은 높은 차원에 대해 가르쳐줄 수 없다."

子曰, 中人以上, 可以語上也, 中人以下, 不可以語上也.

6.22

번지가 안다는 것에 대해 여쭈었다. 선생님께서 말씀하셨다. "피치자에 관련하여 올바름에 힘쓰고, 귀신을 공경하되 거리를 두면 '안다'고 할 수 있다." 인仁에 대해 여쭈었다. 선생님께서 말씀하셨다. "인仁한 사람은 어려운 것을 먼저 하고, 보상은 뒤에 한다. 그러면 인仁이라고 할 수 있다."

樊遲問知. 子曰, 務民之義, 敬鬼神而遠之, 可謂知矣. 問仁. 曰, 仁者先難而後獲, 可謂仁矣.

6.23

선생님께서 말씀하셨다. "지혜로운 사람은 물을 좋아하고, 인仁한 사람은 산을 좋아한다. 지혜로운 사람은 움직이고, 인仁한 사람은 고요하다. 지혜로운 사람은 즐기고, 인仁한 사람은 오래 산다."

子曰, 知者樂水, 仁者樂山. 知者動, 仁者靜. 知者樂, 仁者壽.

6.24

선생님께서 말씀하셨다. "제나라가 한번 변하면, 노나라의 경지에 이를 것이요, 노나라가 한번 변하면 도道에 이를 것이다."

子曰, 齊一變, 至於魯, 魯一變, 至於道.

6.25

선생님께서 말씀하셨다. "고觚*가 고觚답지 않으면 그것이 고觚이겠는가? 고觚이겠는가?"

---

* 고(觚): 중국 고대의 제사용 술잔.

子曰, 觚不觚, 觚哉, 觚哉.

6.26

재아(재여)가 여쭈었다. "인仁한 사람은 누군가 '우물 안에 인 仁한 사람이 빠져 있다'라고 하면 아마 우물에 따라 들어갈 겁니다." 선생님께서 말씀하셨다. "어찌 그러하겠는가? 군자 는 [우물에] 가게 할 수는 있지만, [우물에] 빠지게 할 수는 없다. [그럴듯한 논리로] 속일 수는 있지만, [무턱대고] 속일 수는 없다."

宰我問曰, 仁者, 雖告之曰, 井有仁焉. 其從之也. 子曰, 何爲其 然也. 君子可逝也, 不可陷也, 可欺也, 不可罔也.[28]

6.27

선생님께서 말씀하셨다. "군자는 세련된 표현에 관해서 널리 배우고, 예禮로써 자신을 단속한다. [그러면 도道에] 참으로 위 배되지 않을 것이다!"

子曰, 君子博學於文, 約之以禮, 亦可以弗畔矣夫.

6.28

선생님께서 남자*를 만나자, 자로가 기뻐하지 않았다. 선생님 께서는 맹세하며 말씀하셨다. "내가 불미스러운 일을 하였으

---

* 남자(南子): 위나라 영공(靈公)의 부인. 음란했다고 알려져 있다.

면, 하늘이 나를 벌할 것이다! 하늘이 나를 벌할 것이다!"

子見南子, 子路不說. 夫子矢之曰, 予所否者, 天厭之, 天厭之.²⁹

6.29

선생님께서 말씀하셨다. "중용의 덕德됨은 정말 지극하구나! 피치자 중에 그것을 오래 지켜내는 사람이 드물다."

子曰, 中庸之爲德也, 其至矣乎. 民鮮久矣.*

6.30

자공이 말하였다. "만약 피치자들에게 널리 베풀고, 많은 사람들을 구제할 수 있으면 어떻습니까? 인仁이라고 할 만합니까?" 선생님께서 말씀하셨다. "어찌 인仁에 그치겠는가? 반드시 성聖이어야 가능할 것이다! 요堯임금과 순舜임금도 오히려 그 정도에는 못 미친다고 생각하셨다! 인仁이란, 자기가 서고자 하면 이미 선 사람을 닮아야 하고, 자기가 달통하고자 하면 이미 달통한 사람을 닮아야 한다. 가까운 데서 모범을 찾는 것이야말로 인仁의 방법이라고 할 만하다."

子貢曰, 如有博施於民, 而能濟衆, 何如. 可謂仁乎. 子曰, 何事於仁, 必也聖乎. 堯舜其猶病諸. 夫仁者, 己欲立而立人, 己欲達而達人. 能近取譬, 可謂仁之方也已.³⁰

---

*   『중용(中庸)』에는 "民鮮久矣"가 "民鮮能久矣"로 되어 있다.

7

述而

술이述而

7.1

선생님께서 말씀하셨다. "전술傳述하되 창작하지는 않으며, 옛것을 믿고 좋아한다. 삼가 그러한 나를 우리 노팽*에 견주어본다."

子曰, 述而不作, 信而好古, 竊比於我老彭.[31]

7.2

선생님께서 말씀하셨다. "조용히 기억하고, 배우되 염증 내지 않고, 다른 사람을 가르치는 데 게을리하지 않는 것, [이를 행하는 데] 나에게 무슨 어려움이 있겠는가?"

子曰, 默而識之, 學而不厭, 誨人不倦, 何有於我哉.[32]

7.3

선생님께서 말씀하셨다. "덕德을 닦지 않고, 배움을 익히지 않고, 올바름을 들어도 그리로 옮겨갈 수 없고, 좋지 않은 점을 고칠 수 없는 것, 이러한 것들이 나의 걱정이다."

子曰, 德之不修, 學之不講, 聞義不能徙, 不善不能改, 是吾憂也.

---

* 노팽(老彭): 현인으로 알려진 은나라 대부. 그 밖에 팽조(彭祖)와 노자(老子)라거나 팽조 한 사람이라는 등 여러 설이 있으나 누구를 지칭한 것인지 분명하지 않다.

7.4

선생님께서 한가하게 계실 적에 편안하고 유쾌하셨다.

子之燕居, 申申如也, 夭夭如也.

7.5

선생님께서 말씀하셨다. "심하구나, 나의 노쇠함이여! 오래되었구나, 내가 주공*을 꿈에서 다시 보지 못한 것이!"

子曰, 甚矣, 吾衰也. 久矣, 吾不復夢見周公.

7.6

선생님께서 말씀하셨다. "도道에 뜻을 두고, 덕德에 머무르고, 인仁에 의지하고, 기예에 능수능란해져라."

子曰, 志於道, 據於德, 依於仁, 遊於藝.[33]

7.7

선생님께서 말씀하셨다. "말린 고기를 준비해 오는 것 이상의 예를 차리는 사람이라면, 내가 일찍이 가르치지 않은 적이 없다."

子曰, 自行束脩以上, 吾未嘗無誨焉.[34]

---

*   주공(周公): 주나라 문왕(文王)의 아들로서, 형인 무왕(武王), 그리고 그 뒤를 이은 성왕(成王)을 보필하여 주나라 문화를 발전시켰다.

술이述而

7.8

선생님께서 말씀하셨다. "분발하지 않으면 열어주지 않고, 말로 애써 표현하지 않으면 틔워주지 않는다. 한 측면을 보여주었는데 나머지 세 측면으로 반응하지 않으면 반복하지 않는다."

子曰, 不憤不啓, 不悱不發. 擧一隅, 不以三隅反, 則不復也.

7.9

선생님께서는 상喪을 당한 사람 옆에서는 배불리 드신 적이 없다.

子食於有喪者之側, 未嘗飽也.

7.10*

선생님께서는 곡哭을 한 날에는 노래하지 않으셨다.

子於是日哭, 則不歌.

7.11

선생님께서 안연(안회)에게 말씀하셨다. "등용되면 실천하고, 등용되지 않으면 가만히 있는 것, 이러한 것은 너와 나만이 할 수 있도다." 자로(중유)가 말하였다. "삼군**을 부리실 때

---

*   주희는 7.9와 7.10을 하나의 장으로 보았다.
**   삼군(三軍): 규모가 큰 군대.

는 누구와 함께하시렵니까?" 선생님께서 말씀하셨다. "맨몸으로 호랑이를 대적하고 맨발로 물을 건너다가 죽어도 후회하지 않을 사람과는 나는 함께하지 않겠다. 반드시 일에 임해서는 조심스럽고, 계책을 잘 세워 이루어내는 사람이어야 한다."

子謂顏淵曰, 用之則行, 舍之則藏, 唯我與爾有是夫. 子路曰, 子行三軍, 則誰與. 子曰, 暴虎馮河, 死而無悔者, 吾不與也. 必也臨事而懼, 好謀而成者也.

7.12

선생님께서 말씀하셨다. "만약 부가 추구할 만한 것이라면, 비록 길 정리하는 말단 관리 일이라도 나 역시 하겠다. 만약 추구할 만한 것이 아니라면, 내가 좋아하는 바를 좇겠다."

子曰, 富而可求也, 雖執鞭之士, 吾亦爲之. 如不可求, 從吾所好.[35]

7.13

선생님께서 조심스러워하신 바는 재계*와 전쟁과 질병이다.

子之所愼, 齊, 戰, 疾.

---

* 재계(齊戒): 제사를 앞두고 몸과 마음을 깨끗이 하고 행동을 삼가는 것.

7.14

선생님께서 제나라에서 소韶*를 듣고 3개월 동안 고기 맛을 모르셨다. 말씀하셨다. "음악을 하는 것이 이러한 경지에 이를 줄은 헤아리지 못하였다."

子在齊聞韶, 三月不知肉味, 曰, 不圖爲樂之至於斯也.

7.15

염유가 말하였다. "선생님께서는 위나라 군주를 도우실까?" 자공이 말하였다. "그래, 내가 여쭈어보련다." 들어가서 여쭈었다. "백이와 숙제는 어떤 사람들입니까?" 선생님께서 말씀하셨다. "옛날의 현능한 사람들이지." 여쭈었다. "[그들은] 원망하였습니까?" 선생님께서 말씀하셨다. "인仁을 추구하여 인仁을 얻었는데, 무엇을 원망하겠는가?" 자공이 나와서 말하였다. "선생님께서는 위나라 군주를 돕지 않으실 거다."

冉有曰, 夫子爲衛君乎. 子貢曰, 諾, 吾將問之. 入曰, 伯夷, 叔齊, 何人也. 曰, 古之賢人也. 曰, 怨乎. 曰, 求仁而得仁, 又何怨. 出曰, 夫子不爲也.[36]

7.16

선생님께서 말씀하셨다. "거친 밥을 먹고 물 마시고, 팔을 굽

---

*   소(韶): 순임금 시절 음악.

혀 베개로 삼아도, 즐거움이 과연 그 안에 있다. 올바르지 않은데 부유하고 귀한 것은 나에게 뜬구름과 같다."

子曰, 飯疏食飮水, 曲肱而枕之, 樂亦在其中矣. 不義而富且貴, 於我如浮雲.

7.17

선생님께서 말씀하셨다. "나에게 몇 년 더 [나이를] 보태주어 5년이나 10년 『주역周易』을 배운다면, 큰 잘못은 없을 텐데."

子曰, 加我數年, 五十以學易, 可以無大過矣.[37]

7.18

선생님께서 평소 말씀하신 바는 시詩와 서書였으니, 예禮를 집행하는 것 역시 모두 평소에 말씀하신 바였다.

子所雅言, 詩, 書, 執禮, 皆雅言也.[38]

7.19

섭공*이 자로에게 공자에 대해 묻자 자로는 대답하지 못하였다. 선생님께서 말씀하셨다. "너는 어째서 '그의 사람됨은 [새로운 것을 배울 때는] 발분하여 먹는 것도 잊고, [얻었을 때는] 그 즐

---

* 섭공(葉公): 초(楚)나라 대부. 성은 심(沈), 이름은 제량(諸梁)이고, 자는 자고(子高)이다. 섭(葉) 땅을 다스리고 있어서 섭공이라고 불렀다.

거움으로 근심을 잊으며, 늙음이 다가오는 것도 알지 못한다'고 말하지 않았는가?"

葉公問孔子於子路, 子路不對. 子曰, 女奚不曰, 其爲人也, 發憤忘食, 樂以忘憂, 不知老之將至云爾.

7.20

선생님께서 말씀하셨다. "나는 나면서부터 아는 사람이 아니다. 옛것을 좋아하고, 애써 구하는 사람이다."

子曰, 我非生而知之者, 好古敏以求之者也.

7.21

선생님은 괴이한 힘과 어지러운 귀신에 대해 가르치지 않으셨다.

子不語怪力亂神.[39]

7.22

선생님께서 말씀하셨다. "세 사람이 같이 갈 경우 반드시 내가 본받을 모범이 있다. 그중 좋은 것을 택하여 따르고, 그중 좋지 않은 것은 고친다."

子曰, 三人行, 必有我師焉. 擇其善者而從之, 其不善者而改之.[40]

7.23

선생님께서 말씀하셨다. "하늘이 내게 덕德을 주었으니, 환퇴*가 나를 감히 어찌하겠는가?"

子曰, 天生德於予, 桓魋其如予何.

7.24

선생님께서 말씀하셨다. "그대들은 내가 무엇을 숨긴다고 생각하느냐? 나는 그대들에게 숨기는 바가 없다! 행하되 그대들과 함께하지 않는 것이 없다. 이것이 바로 나다."

子曰, 二三子以我爲隱乎. 吾無隱乎爾. 吾無行而不與二三子者, 是丘也.

7.25

선생님께서는 네 가지로 가르치셨다. 세련된 표현, 적절한 행실, 충성스러움, 믿음직함.

子以四敎, 文, 行, 忠, 信.

7.26

선생님께서 말씀하셨다. "성인은 내가 만나볼 수 없었다. 군

---

* 환퇴(桓魋): 송나라 인물로서 환공(桓公)의 후손이다. 사마천의 『사기』에 따르면, 공자가 송나라에 왔을 때 공자를 죽이려 들었다.

자를 만나보는 것, 그 정도만 해도 괜찮을 텐데." 선생님께서 말씀하셨다. "좋은 사람은 내가 만나볼 수 없었다. 한결같은 사람을 만나보는 것, 그 정도만 해도 괜찮을 텐데. 없는 데 있는 척, 비었는데 가득 찬 척, 부족한데 넉넉한 척. 어렵도다, 이러한 태도가 한결같기는."

子曰, 聖人, 吾不得而見之矣, 得見君子者, 斯可矣. 子曰, 善人, 吾不得而見之矣, 得見有恒者, 斯可矣. 亡而爲有, 虛而爲盈, 約而爲泰. 難乎, 有恒矣.

7.27

선생님께서는 낚시질은 하되 큰 그물로 물고기를 잡지 않고, 주살질은 하되 잠자는 새는 쏘지 않으셨다.

子釣而不綱, 弋不射宿.

7.28

선생님께서 말씀하셨다. "대개 알지 못하면서 지어내는 사람이 있기 마련이다. 그런데 나는 그러한 경우가 없다. 많이 듣고, 그중에서 좋은 것을 택하여 따른다. 많이 보아 기억하는 것은, 아는 일의 다음이다."

子曰, 蓋有不知而作之者, 我無是也. 多聞, 擇其善者而從之, 多見而識之, 知之次也.

7.29

호향 지역에 더불어 말하기 어려운 아이가 있었다. 그 아이가 찾아와 선생님을 뵙자 문인들이 의아해하였다. 선생님께서 말씀하셨다. "그가 다가오면 함께하고, 그가 물러나면 함께하지 않는다. 왜 심하게 하겠는가? 사람이 자신을 깨끗이 하여 다가오면, 그 깨끗함을 함께할 뿐, 지난 일에 매이지 않는다."

互鄕難與言, 童子見, 門人惑. 子曰, 與其進也, 不與其退也, 唯何甚. 人潔己以進, 與其潔也, 不保其往也.[41]

7.30

선생님께서 말씀하셨다. "인仁이 멀리 있겠는가? 내가 인仁을 원하면, 인仁은 곧 이를 것이다."

子曰, 仁遠乎哉. 我欲仁, 斯仁至矣.

7.31

진나라 사패*가 물었다. "소공(노나라 군주)은 예禮를 압니까?" 공자가 대답하였다. "예禮를 압니다." 공자가 물러나자, [사패가] 무마기**에게 읍을 하고 앞으로 나아오게 하고서 말하였

---

* 사패(司敗): 진나라와 초나라에서 법률을 담당하는 벼슬 이름.
** 무마기(巫馬期): 성은 무마(巫馬), 이름은 시(施), 자가 자기(子期)다. 공자 제자, 노나라 사람.

다. "나는 군자는 패거리를 짓지 않는다고 들었소. 군자도 패거리를 짓소? 소공은 오吳나라에서 부인을 맞아들였는데, [오나라와 노나라는] 성이 같은데 [예禮에 맞지 않게 부인을] 오맹자*라고 불렀소. 소공이 예를 안다면, 누가 예를 모르겠소?" 무마기가 이를 [공자에게] 고하자, 선생님께서 말씀하셨다. "나는 다행이다. 만약 허물이 있기만 하면, 남이 반드시 알아차리니."

陳司敗問, 昭公知禮乎. 孔子曰, 知禮. 孔子退, 揖巫馬期而進之, 曰, 吾聞君子不黨, 君子亦黨乎. 君取於吳, 爲同姓, 謂之吳孟子. 君而知禮, 孰不知禮. 巫馬期以告. 子曰, 丘也幸, 苟有過, 人必知之.

7.32

선생님께서는 남과 함께 노래할 때, 남이 잘하면 반드시 반복해 부르게 한 뒤, 화답하셨다.

子與人歌而善, 必使反之, 而後和之.

7.33

선생님께서 말씀하셨다. "세련된 표현에 관한 한, 나는 다른

---

* 오맹자(吳孟子): 노나라와 오나라는 모두 성이 '희(姬)'로, 동성끼리 혼인하는 것은 예에 어긋나는 일이었다. 당시 임금 부인의 칭호는 친정 국호에 자신의 성을 붙였기에 오나라 출신의 소공 부인은 '오희(吳姬)'라고 해야 옳으나, 동성임이 드러나므로 '오맹(吳孟)'이라 한 것이다.

사람 정도 되는 듯하다. 군자됨을 몸소 실천하는 데 관한 한, 아직 해내지 못하고 있다."

子曰, 文, 莫吾猶人也. 躬行君子, 則吾未之有得.[42]

7.34

선생님께서 말씀하셨다. "성인됨과 인仁, 그것들을 내가 어찌 감당하랴? 그러나 [성인됨과 인仁을] 실천하는 것에 염증을 내지 않고, 남을 가르치는 데 게으름을 부리지 않는다는 것 정도라고는 할 만하다." 공서화(공서적)가 말하였다. "바로 [그것이] 제자들이 배울 수 없는 경지입니다."

子曰, 若聖與仁, 則吾豈敢. 抑爲之不厭, 誨人不倦, 則可謂云爾已矣. 公西華曰, 正唯弟子不能學也.

7.35

선생님께서 병이 위중하자, 자로가 기도하시길 청하였다. 선생님께서 말씀하셨다. "그런 것이 있느냐?" 자로가 대답하였다. "있습니다. 기도문에서 말하기를, '위아래 신령에게 그대를 위하여 기도하노라'라고 하였습니다." 선생님께서 말씀하셨다. "나는 기도한 지 오래되었다."

子疾病, 子路請禱. 子曰, 有諸. 子路對曰, 有之, 誄曰, 禱爾于上下神祇. 子曰, 丘之禱久矣.

7.36

선생님께서 말씀하셨다. "사치하다보면 불손하게 되고, 검소하다보면 고루하게 된다. 불손하느니 차라리 고루한 것이 낫다."

子曰, 奢則不孫, 儉則固. 與其不孫也, 寧固.

7.37

선생님께서 말씀하셨다. "군자는 평탄하고 여유로우며, 소인은 늘 속을 졸인다."

子曰, 君子坦蕩蕩, 小人長戚戚.

7.38

선생님은 따뜻하면서도 엄격하고, 위엄 있으면서도 사납지 않고, 공손하면서도 편안하셨다.

子溫而厲, 威而不猛, 恭而安.

8 태백 泰伯

태백 泰伯

8.1

선생님께서 말씀하셨다. "태백*이야말로 정녕 지극한 덕德을 지닌 이라고 할 만하다. 세 번이나 천하를 양보하였는데, [자취를 감추어버려] 피치자들이 칭송할 수조차 없었다."

子曰, 泰伯其可謂至德也已矣. 三以天下讓, 民無得而稱焉.

8.2

선생님께서 말씀하셨다. "공손하기만 하고 예가 없으면 수고롭게 되고, 신중하기만 하고 예가 없으면 두려워하게 되고, 용감하기만 하고 예가 없으면 난폭해지고, 곧기만 하고 예가 없으면 까칠해진다. 군자가 어버이에게 독실하게 굴면 피치자들이 인仁으로 인해 촉발되며, 오랜 친구를 버리지 않으면 피치자들이 야박해지지 않는다."

子曰, 恭而無禮則勞, 愼而無禮則葸, 勇而無禮則亂, 直而無禮則絞. 君子篤於親, 則民興於仁, 故舊不遺, 則民不偸.[43**]

8.3

증자가 중병이 들자, 문하의 제자들을 불러 말하였다. "내 발을 펴라! 내 손을 펴라! 『시詩』에 '전전긍긍하기를 깊은 연못

---

*   태백(泰伯): 주나라 태왕(太王, 고공단보古公亶父)의 맏아들. 태왕이 삼 형제 중 막내에게 왕위를 물려주려고 하자, 둘째 동생과 함께 잠적하였다.
** 주희는 "君子篤於親, 則民興於仁, 故舊不遺, 則民不偸"를 별도의 장으로 보았다.

가에 있는 것처럼 하고, 살얼음 위를 걷는 것처럼 하라'고 하였다. 이제야 나는 면하게 되었음을 알겠도다! 제자들아."

曾子有疾, 召門弟子曰, 啓予足, 啓予手. 詩云, 戰戰兢兢, 如臨深淵, 如履薄氷.* 而今而後, 吾知免夫. 小子.⁴⁴

8.4

증자가 병이 나자 맹경자**가 문병을 왔다. 증자가 말하였다. "새가 죽을 때가 되면 그 울음소리가 슬프고, 사람이 죽을 때가 되면 그 말이 선한 법. 군자가 도道에 관해 귀하게 여기는 바가 세 가지 있습니다. 몸을 움직임에는 사납고 거만함을 멀리하고, 안색을 바르게 함에는 믿음직스럽게 하고, 말을 함에는 비루하고 이치에 어긋남을 멀리합니다. 예禮를 거행하는 일이야 담당하는 사람이 따로 있지요."

曾子有疾, 孟敬子問之. 曾子言曰, 鳥之將死, 其鳴也哀. 人之將死, 其言也善. 君子所貴乎道者三. 動容貌, 斯遠暴慢矣. 正顔色, 斯近信矣. 出辭氣, 斯遠鄙倍矣. 籩豆之事, 則有司存.

8.5

증자가 말하였다. "능한데도 능하지 않은 사람에게 묻고, 많

---

* 戰戰兢兢, 如臨深淵, 如履薄氷: 『시경』 「소아(小雅)」 '소민(小旻)'에 나오는 구절이다.
** 맹경자(孟敬子): 노나라 대부 중손첩(仲孫捷)으로, 맹무백(孟武伯)의 아들이며, 경(敬)은 그의 시호이다. 노나라의 세 세도가 집안 중 하나인 맹손씨(孟孫氏)는 일명 중손씨(仲孫氏)라고도 한다.

은데도 적은 사람에게 묻고, 있어도 없는 것처럼 하고, 가득 차 있어도 비어 있는 것처럼 하고, 침범당해도 앙갚음하지 않는 일. 예전에 내 친구가 일찍이 이러한 일에 종사하였다."

曾子曰, 以能問於不能, 以多問於寡, 有若無, 實若虛, 犯而不校. 昔者, 吾友嘗從事於斯矣.

8.6

증자가 말하였다. "육 척의 고아(어린 임금을 일컬음)를 맡길 수 있고, 백 리 땅의 명운을 위임할 수 있고, 큰 절개가 요청되는 상황에서 [그의 절개를] 빼앗을 수 없으면, 군자다운 사람인가? 군자다운 사람이다!"

曾子曰, 可以託六尺之孤, 可以寄百里之命, 臨大節而不可奪也, 君子人與, 君子人也.

8.7

증자가 말하였다. "사士는, 넓고 강인하지 않을 수 없다. 맡은 바는 무겁고 갈 길은 멀다. 인仁을 자기 책임으로 삼으니 참으로 무겁지 아니한가? 죽은 뒤에야 그칠 일이니, 참으로 멀지 아니한가?"

曾子曰, 士, 不可以不弘毅, 任重而道遠. 仁以爲己任, 不亦重乎. 死而後已, 不亦遠乎.

8.8

선생님께서 말씀하셨다. "시詩에서 감흥하고, 예禮에서 확립하며, 음악에서 완성한다."

子曰, 興於詩, 立於禮, 成於樂.

8.9

선생님께서 말씀하셨다. "피치자는, 따르게 할 수는 있되 알게 할 수는 없다."

子曰, 民, 可使由之. 不可使知之.[45]

8.10

선생님께서 말씀하셨다. "용기를 좋아하되 가난함을 미워하면, 난리를 초래한다. 사람인데도 인仁하지 않음을 너무 심하게 미워하면, 난리를 초래한다."

子曰, 好勇疾貧, 亂也. 人而不仁, 疾之已甚, 亂也.

8.11

선생님께서 말씀하셨다. "주공의 재주와 같은 훌륭함을 지녔더라도, 만약 교만하고 인색하면, 그 나머지는 아예 볼 것도 없다."

子曰, 如有周公之才之美, 使驕且吝, 其餘不足觀也已.

8.12

선생님께서 말씀하셨다. "3년을 배우고서도 벼슬에 [뜻을] 두지 않는 사람을 얻기가 쉽지 않다."

子曰, 三年學, 不至於穀, 不易得也.[46]

8.13

선생님께서 말씀하셨다. "믿음을 도탑게 하여 배움을 좋아하고, 죽음을 무릅쓰고 훌륭한 도道에 매진한다. 위태로운 나라에는 들어가지 않고, 어지러운 나라에는 머물지 않는다. 천하에 도道가 있으면 자신을 드러내되, 도道가 없으면 숨어 지낸다. 나라에 도道가 있을 때는 빈천한 것이 수치이고, 나라에 도道가 없을 때는 부귀한 것이 수치다."

子曰, 篤信好學, 守死善道. 危邦不入, 亂邦不居. 天下有道則見, 無道則隱. 邦有道, 貧且賤焉, 恥也, 邦無道, 富且貴焉, 恥也.

8.14

선생님께서 말씀하셨다. "그 자리에 있지 않으면, 그 정사를 도모하지 않는다."

子曰, 不在其位, 不謀其政.

8.15

선생님께서 말씀하셨다. "[노나라] 악사樂師 지摯가 벼슬에 막 오른 그 시절 [연주한] 「관저」*의 마지막 장이 풍성하게 귀에 가득하였도다."

子曰, 師摯之始, 關雎之亂, 洋洋乎盈耳哉.

8.16

선생님께서 말씀하셨다. "의욕이 넘치는데 곧지 않고, 미련한데 질박하지는 않고, 무능한데 미덥지도 않으면, 난 모르겠다."

子曰, 狂而不直, 侗而不愿, 悾悾而不信, 吾不知之矣.

8.17

선생님께서 말씀하셨다. "미치지 못하는 것처럼 [안달하여] 배우고, [얻은 것도] 오히려 잃어버릴까 두려워하라."

子曰, 學如不及, 猶恐失之.

8.18

선생님께서 말씀하셨다. "높고도 크구나! 순舜임금과 우禹임금은 천하를 가졌으나 연연하지 않았다."

* 「관저(關雎)」: 『시경』 「국풍(國風)」의 첫머리 시.

子曰, 巍巍乎, 舜禹之有天下也, 而不與焉.

8.19

선생님께서 말씀하셨다. "위대하구나, 요堯임금의 임금됨이여! 크고 높도다. 오직 하늘만이 큰데, 요임금만이 그것을 본뜰 수 있으니. 넓고 넓도다, 피치자들이 그것에 무어라 이름 붙일 수 없으니. 크고 높도다, 그가 공을 이루었으니. 찬란하도다, 그가 세련된 표현을 이루었으므로."

子曰, 大哉, 堯之爲君也. 巍巍乎. 唯天爲大, 唯堯則之. 蕩蕩乎, 民無能名焉. 巍巍乎, 其有成功也. 煥乎, 其有文章.[47]

8.20

순舜임금에게 신하 다섯 명*이 있어, 천하가 다스려졌다. 무왕이 말씀하셨다. "내게는 다스림에 능한 신하 열 명**이 있다." 선생님께서 말씀하셨다. "인재를 [얻기] 어렵다더니, 그렇지 않은가? 요堯임금에서 순임금으로 넘어가던 시절이 주나라 때보다 인재가 풍성하였는데도 부인***이 한 명 끼어 있었으니, 아홉 명뿐이었다. [주나라 무왕이] 천하의 3분의 2를 가지

---

* 신하 다섯 명: 우(禹), 직(稷), 설(契), 고요(皐陶), 백익(伯益).
** 신하 열 명: 주공단(周公旦), 소공석(召公奭), 태공망(太公望), 필공(畢公), 영공(榮公), 태전(太顚), 굉요(閎夭), 산의생(散宜生), 남궁괄(南宮适), 태사(太姒). 태사 대신 읍강(邑姜)을 포함하기도 한다.
*** 부인(婦人): 문왕의 부인이자 무왕의 어머니인 태사(太姒)를 일컫는다.

고서도 은나라를 섬겼으니, 주나라의 덕德은 정녕 지극한 덕德이라고 할 만하다."

舜有臣五人, 而天下治. 武王曰, 予有亂臣十人. 孔子曰, 才難, 不其然乎. 唐虞之際, 於斯爲盛, 有婦人焉, 九人而已. 三分天下有其二, 以服事殷, 周之德, 其可謂至德也已矣.

8.21

선생님께서 말씀하셨다. "우禹임금에 대해서라면, 나는 뭐라 할 바가 없다. 자기가 먹고 마시는 일은 간단하게 하면서도 조상신에게는 효孝를 다하였다. 자기 의복은 수수하게 하면서도, 예복에는 아름다움을 다하였다. 사는 곳은 소박하게 하면서도 도랑 만드는 데는 힘을 다하였다. 우임금에 대해서라면, 나는 뭐라 할 바가 없다."

子曰, 禹, 吾無間然矣. 菲飮食, 而致孝乎鬼神, 惡衣服, 而致美乎黻冕, 卑宮室, 而盡力乎溝洫. 禹, 吾無間然矣.

9

자
한

子罕

9.1

선생님께서는 이익에 대해 드물게 말씀하셨고, 운명에 대해 긍정하시고, 인仁에 대해서도 긍정하셨다.

子罕言利, 與命與仁.[48]

9.2

달항 지역 사람이 말하였다. "위대하구나, 공자는! 널리 배우기는 하였지만, 이름을 이룬 바는 없다." 선생님께서 이것을 듣고서 문하의 제자들에게 말씀하셨다. "내가 무엇에 집중하랴? 수레 모는 일에 집중하랴, 활 쏘는 일에 집중하랴? 나는 수레 모는 일에 집중하겠다."

達巷黨人曰, 大哉, 孔子. 博學而無所成名. 子聞之, 謂門弟子曰, 吾何執. 執御乎, 執射乎. 吾執御矣.

9.3

선생님께서 말씀하셨다. "삼베 모자를 쓰는 것이 예이다. 그런데 지금은 실로 짠 것을 쓴다. 그것은 검소한 것이니 나는 다수의 사람들을 따르겠다. 당 아래에서 절하는 것이 예이다. 그런데 지금은 당 위에서 절한다. 그것은 교만한 것이니 비록 다수 사람과 다르더라도 나는 아래에서 [절하는 것을] 따르겠다."

子曰, 麻冕, 禮也. 今也純, 儉, 吾從衆. 拜下, 禮也. 今拜乎上, 泰也. 雖違衆, 吾從下.

9.4

선생님께서는 네 가지는 전혀 없으셨다. 억측을 하지 않았고, 멋대로 단정하지 않았고, 고루하지 않았고, 아집을 부리지 않으셨다.

子絶四, 毋意, 毋必, 毋固, 毋我.⁴⁹

9.5

선생님께서 광匡* 땅에서 핍박받고 말씀하셨다. "문왕께서 이미 돌아가셨으니, 세련된 표현양식이 이제 이 몸에 있지 않은가? 하늘이 장차 이 세련된 표현양식을 없애려 한다면, 문왕보다 뒷세대인 내가 이 세련된 표현양식에 참여할 수 없었을 것이다. 만약 하늘이 이 세련된 표현양식을 없애려 하지 않는다면, 광匡 땅 사람들이 나를 감히 어찌하겠는가?"

子畏於匡, 曰, 文王旣沒, 文不在玆乎. 天之將喪斯文也, 後死者不得與於斯文也. 天之未喪斯文也, 匡人其如予何.

9.6

태재(벼슬 이름)가 자공에게 물었다. "선생님께서는 성인이신가

---

*   광(匡): 현재의 허난성(河南省)에 있는 지역.

요? 어찌 그리 재능이 많으신가요?" 자공이 말하였다. "원래 하늘이 내신 성인에 가까운 분이고, 게다가 재능도 많으신 거지요." 선생님께서 그 말을 듣고서 말씀하셨다. "태재가 나를 아는가? 나는 어렸을 때 천한 처지에 있었으므로, 비천한 일에 여러 가지로 능하다. 군자는 [재능이] 많아야 하는가? 많을 필요가 없다."

大宰問於子貢曰, 夫子聖者與. 何其多能也. 子貢曰, 固天縱之將聖, 又多能也. 子聞之曰, 大宰知我乎. 吾少也賤, 故多能鄙事. 君子多乎哉. 不多也.[50]

9.7

뢰牢*가 말하였다. "선생님께서 말씀하시기를 '나는 세상에 쓰이지 않았기에 다양한 재주를 익혔다'고 말씀하셨다."

牢曰, 子云, 吾不試, 故藝.

9.8

선생님께서 말씀하셨다. "나라는 사람은, 아는 것이 있는가? 아는 것이 없다. 무지렁이가 내게 무엇인가 물으면, [나는 아는 것 없이] 텅 비어 있을지라도 나는 그 [질문의] 양끝을 두드려가

---

* 뢰(牢): 성은 금(琴), 이름이 뢰(牢), 자는 자개(子開) 또는 자장(子張)이다. 공자 제자, 위나라 사람.

며 최선을 다한다."

子曰, 吾, 有知乎哉. 無知也. 有鄙夫問於我, 空空如也, 我叩其兩端而竭焉.⁵¹

9.9

선생님께서 말씀하셨다. "봉황새*도 오지 않고, 하수河水에서는 그림**도 나오지 않으니, 나는 끝났구나!"

子曰, 鳳鳥不至, 河不出圖, 吾已矣夫.⁵²

9.10

선생님께서는 상복을 입은 사람이나 관복을 입은 사람이나 장님을 만날 때, 그들을 보면 상대가 아무리 어려도 반드시 일어나고, 그들을 지나칠 때는 종종걸음을 하셨다.

子見齊衰者, 冕衣裳者, 與瞽者, 見之, 雖少必作, 過之必趨.

9.11

안연(안회)이 휴우 탄식하며 말하였다. "우러러볼수록 더욱 높고, 뚫을수록 더욱 견고하고, 바라보면 앞에 계시다가 홀

---

* 성인(聖人)이 나타나면 봉황이 날아온다는 전설이 있다.
** 『서경』에 따르면, 성인 복희(伏羲)가 천하를 다스릴 때 황하(黃河)에서 용마(龍馬)가 '하도(河圖)'를 지고 나타났다고 한다.

연히 뒤에 계신다! 선생님께서는 차근차근 사람을 잘 이끌어 나를 세련된 표현으로 넓혀주시고, 예禮로 단속해주어 그만두고 싶어도 그만둘 수 없다. 이미 나의 깜냥을 다 하였으나, 여전히 무엇인가 우뚝 서 있는 것 같다. 비록 그것을 따라가고 싶어도 정녕 따라갈 수가 없다."

顔淵喟然歎曰, 仰之彌高, 鑽之彌堅, 瞻之在前, 忽焉在後. 夫子循循然善誘人, 博我以文, 約我以禮, 欲罷不能. 既竭吾才, 如有所立卓爾. 雖欲從之, 末由也已.

9.12

선생님께서 병이 위중하자, [장례를 위해] 자로가 문인으로 하여금 가신 행세를 하게 하였다. 병세에 차도가 보이자 선생님께서 말씀하셨다. "오래되었구나, 유由(자로)가 사람을 속인 것이! 가신이 없는데, 가신이 있는 것처럼 하다니, 내가 누구를 속이는 것인가? 하늘을 속이겠는가? 또 내가 가신 손에서 죽느니 차라리 그대들 손에서 죽겠다! 또 내가 설사 장례를 성대하게 치를 수 없더라도 길에서 죽기야 하겠는가?"

子疾病, 子路使門人爲臣. 病間, 曰, 久矣哉, 由之行詐也. 無臣而爲有臣, 吾誰欺, 欺天乎. 且予與其死於臣之手也, 無寧死於二三子之手乎. 且予縱不得大葬, 予死於道路乎.

9.13

자공이 말하였다. "아름다운 옥이 여기 있다면, 싸서 궤에 넣어 간직하시겠습니까? 좋은 상인을 찾아 파시겠습니까?" 선생님께서 말씀하셨다. "팔아야지! 팔아야지! 나는 좋은 상인을 기다리고 있다."

子貢曰, 有美玉於斯, 韞匵而藏諸. 求善賈而沽諸. 子曰, 沽之哉, 沽之哉. 我待賈者也.

9.14

선생님께서 아홉 오랑캐* 땅에서 거하고자 하자, 누군가 물었다. "누추할 텐데, 어쩌시려고 합니까?" 선생님께서 말씀하셨다. "군자가 거처하는 데 무슨 누추함이 있겠는가?"

子欲居九夷. 或曰, 陋, 如之何. 子曰, 君子居之, 何陋之有.

9.15

선생님께서 말씀하셨다. "내가 위나라에서 노나라로 돌아온** 이후에 음악이 바르게 되었다. 아雅***와 송頌****이 제자

---

* 아홉 오랑캐(九夷): 중국 동쪽에 아홉 오랑캐 종족이 있다고 여겨 '九夷(구이)'라고 하였다.
** 공자는 노나라 애공 11년(B.C. 484)에 위나라에서 노나라로 돌아왔다.
*** 아(雅):『시경』의「소아(小雅)」와「대아(大雅)」를 지칭한다.
**** 송(頌):『시경』의「주송(周頌)」,「노송(魯頌)」,「상송(商頌)」등을 지칭한다.

리를 찾았다."

子曰, 吾自衛反魯, 然後樂正. 雅頌各得其所.

9.16

선생님께서 말씀하셨다. "나가서는 공경公卿을 섬기고, 들어와서는 부형을 섬기고, 장례에서는 감히 힘쓰지 아니함이 없고, 술로 인해 곤란에 처하지 않는 일, 나에게 무슨 어려움이 있겠는가?"

子曰, 出則事公卿, 入則事父兄, 喪事不敢不勉, 不爲酒困, 何有於我哉.[53]

9.17

선생님께서 강가에서 말씀하셨다. "가는 것은 이 물과 같구나. 밤낮을 쉬지 않는다."

子在川上曰, 逝者如斯夫. 不舍晝夜.[54]

9.18

선생님께서 말씀하셨다. "나는 덕德 있는 사람을 좋아하는 것을 예쁜 사람을 좋아하는 것처럼 하는 사람을 아직 보지 못하였다."

子曰, 吾未見好德如好色者也.

9.19

선생님께서 말씀하셨다. "산을 쌓는 데 비유하면, 한 삼태기의 흙이 모자라 완성하지 못하고 그만두더라도 내가 그만둔 것이다. 땅을 평평하게 하는 데 비유하면, 비록 한 삼태기의 흙을 붓고 진전하더라도 내가 나아간 것이다."

子曰, 譬如爲山, 未成一簣, 止, 吾止也. 譬如平地, 雖覆一簣, 進, 吾往也.[55]

9.20

선생님께서 말씀하셨다. "일러주면 게을리하지 않는 사람은 아마 회回(안회)일 것이다."

子曰, 語之而不惰者, 其回也與.

9.21

선생님께서 안연(안회)을 평가하여 말씀하셨다. "애석하구나! 나는 그가 진전하는 것만 보았을 뿐, 그가 멈추어 있는 것은 본 적이 없다."

子謂顔淵曰, 惜乎. 吾見其進也, 未見其止也.

9.22

선생님께서 말씀하셨다. "싹을 틔우고도 꽃을 피우지 못하는 이가 있다! 꽃을 피우고도 열매를 맺지 못하는 이가 있다!"

子曰, 苗而不秀者, 有矣夫. 秀而不實者, 有矣夫.

9.23

선생님께서 말씀하셨다. "후생을 두려워할 만하니, [후생의] 미래가 지금만 못하리라는 것을 어찌 알겠는가? [그러나] 마흔이나 쉰이 되어서 좋은 평이 들리지 않으면, 정녕 두려워할 만하지 않다."

子曰, 後生可畏, 焉知來者之不如今也. 四十五十而無聞焉, 斯亦不足畏也已.

9.24

선생님께서 말씀하셨다. "법어*에 해당하는 말에 동의하지 않을 수 있겠는가? [그 말을 듣고] 고치는 것이야말로 중요하다! 부드럽고 공손한 말에 기쁘지 않을 수 있겠는가? 그 말의 실마리를 풀어내는 것이야말로 중요하다! 기분 좋아하기만 하고 실마리를 풀어내지 않으며, 동의하기만 하고 고치지 않으면, 나는 어찌할 도리가 없다."

子曰, 法語之言, 能無從乎. 改之爲貴. 巽與之言, 能無說乎. 繹

---

* 법어(法語): 본보기가 되는 말.

之爲貴. 說而不繹, 從而不改, 吾末如之何也已矣.

9.25

선생님께서 말씀하셨다. "충성과 믿음을 핵심으로 삼되, 자기만 못한 사람은 벗삼지 마라. 잘못을 저지르면 고치기를 꺼리지 마라."

子曰, 主忠信, 毋友不如己者. 過則勿憚改.

9.26

선생님께서 말씀하셨다. "삼군의 경우라도 그 장수를 빼앗을 수는 있다. 그러나 필부의 경우라도 그 뜻을 빼앗을 수는 없다."

子曰, 三軍可奪帥也, 匹夫不可奪志也.

9.27

선생님께서 말씀하셨다. "낡은 솜옷을 입고서, 여우나 담비 갖옷을 입은 이와 같이 서도 부끄러워 하지 않는 사람은 아마 유由(자로)일 것이다. '질투하지도 않고 욕심내지도 않으니, 어찌 선하지 않으리오?'" 자로가 늘 이 말을 외우고 다니자, 선생님께서 말씀하셨다. "이런 도道(방식)가 어찌 완전히 선하다고 할 수 있겠는가?"

子曰, 衣敝縕袍, 與衣狐貉者立, 而不恥者, 其由也與. 不忮不求, 何用不臧.* 子路終身誦之. 子曰, 是道也, 何足以臧.

9.28

선생님께서 말씀하셨다. "날씨가 추워진 뒤에야 소나무와 잣나무가 늦게 시드는 것을 알게 된다."

子曰, 歲寒然後知松柏之後彫也.

9.29

선생님께서 말씀하셨다. "지혜로운 사람은 미혹되지 않고, 인仁한 사람은 근심하지 아니하며, 용감한 사람은 두려워하지 않는다."

子曰, 知者不惑, 仁者不憂, 勇者不懼.

9.30

선생님께서 말씀하셨다. "더불어 배울 수 있다고 해서 더불어 도道에 나아갈 수는 없고, 더불어 도道에 나아갈 수 있다고 해서 더불어 확고히 설 수 없고, 더불어 확고히 설 수 있다고 해서 더불어 융통성 있게 대응할 수는 없다."

子曰, 可與共學, 未可與適道, 可與適道, 未可與立, 可與立, 未

---

* 不忮不求, 何用不臧:『시경』「패풍(邶風)」'웅치(雄雉)'에 나오는 구절이다.

可與權.

9.31

"산앵두나무 꽃이 팔랑팔랑 나부끼니 어찌 그대를 생각하지 않겠는가. 그대의 집이 멀구나." 선생님께서 말씀하셨다. "그리워하지 않는 것이다. [그리워한다면] 멀다고 한들?"

唐棣之華, 偏其反而. 豈不爾思. 室是遠而. 子曰, 未之思也, 夫何遠之有.

10

향
당

鄕黨

10.1

선생님께서는 지역에서는 신실한 모습을 보이시며 마치 말을 할 줄 모르는 사람 같았다. 종묘와 조정에서는 말을 유려하게 잘하셨고, 다만 말을 조심하실 뿐이었다.

孔子於鄉黨, 恂恂如也, 似不能言者. 其在宗廟朝廷, 便便言, 唯謹爾.[56]

10.2

조정에서 하대부와 말씀하실 때는 떳떳하게 하시고, 상대부[*]와 말씀하실 때는 온화하게 하시고, 군주가 있을 때는 공경하면서 격식에 딱 맞게 하셨다.

朝, 與下大夫言, 侃侃如也. 與上大夫言, 誾誾如也. 君在, 踧踖如也, 與與如也.

10.3

군주가 불러서 빈객 접대하는 일을 맡기면, 안색이 변하고 발걸음이 조심스러우셨다. 함께 빈객 접대하는 일을 맡은 자에게 인사할 때는 좌우의 손을 쓰시고, 앞뒤 옷매무새를 단정히 갖추셨다. 빠른 걸음으로 나아갈 때는 [새가] 날개를 편 듯

---

* 상대부(上大夫): 경(卿) 신분을 가진 이를 지칭한다. 하대부(下大夫)는 경 이하의 대부이다.

하셨다. 빈객이 돌아가면, 반드시 다음과 같이 아뢰셨다. "빈객이 뒤돌아보지 않았습니다."

君召使擯, 色勃如也, 足躩如也. 揖所與立, 左右手, 衣前後, 襜如也. 趨進, 翼如也. 賓退, 必復命曰, 賓不顧矣.

10.4

군주가 계신 곳의 문에 들어설 때는, 공손히 절하기를 마치 자신이 용납되지 못하는 듯이 하셨다. 멈추어 설 때는 문 한가운데에 서지 않으셨고, 지나갈 때는 문지방을 밟지 않으셨다. 군주의 자리를 지나갈 때는 안색이 변하셨고, 발걸음을 조심하셨고, 말은 마치 부족한 듯 아끼셨다. 옷자락을 걷어 잡고 당堂에 오를 때는 몸을 굽혀 공손히 절하시면서, 숨을 멈추어 마치 숨 쉬지 않는 것처럼 하셨다. 나와서 계단 하나를 내려서서야 안색을 펴고 흡족한 모습이셨다. 계단을 다 내려와 빠르게 나아갈 때는 날개를 편 듯하셨다. 제자리로 돌아와서도 공경하고 삼가는 듯하셨다.

入公門, 鞠躬如也, 如不容. 立不中門, 行不履閾. 過位, 色勃如也, 足躩如也, 其言似不足者. 攝齊升堂, 鞠躬如也, 屏氣似不息者. 出, 降一等, 逞顏色, 怡怡如也. 沒階, 趨進, 翼如也. 復其位, 踧踖如也.[57]

10.5

규圭*를 받아줄 때는 몸을 굽혀 공손히 절하여 그 무게를 못 이기는 듯이 하셨다. 위로 들 때는 읍할 때 높이와 같게 하고, 아래로 내릴 때는 [물건을] 줄 때의 높이와 같게 하셨다. 안색은 삼가하여 두려운 듯하셨고, 조심스레 종종걸음을 하여 발을 끌듯이 하셨다. 예물을 바치는 예를 행할 때는 부드러운 안색을 지으셨다. 사사로이 만나는 예에서는 화기애애하셨다.

執圭, 鞠躬如也, 如不勝. 上如揖, 下如授. 勃如戰色, 足蹜蹜如有循. 享禮, 有容色. 私覿, 愉愉如也.

10.6

군자는 감색**과 추색***으로 옷깃에 선을 두르지 않고, 홍색과 자색으로 평상복을 만들어 입지 않으셨다. 더울 때는 홑겹으로 된 갈포**** 옷을 반드시 겉옷으로 입고 나가셨다. 검은 옷에는 검은 양 갖옷을, 흰옷에는 새끼 사슴 갖옷을, 노란 옷에는 여우 갖옷을 입으셨다. 평소에 입는 갖옷은 길지만 오른쪽 소매는 짧았다. 꼭 잠옷이 있었는데, 길이는 키의 한

---

* 규(圭): 옥으로 만든 제후의 상징물.
** 감색(紺色): 짙은 청색에 붉은색이 감도는 색.
*** 추색(緅色): 감색보다 더 검붉은 색.
**** 갈포(葛布): 칡으로 짠 베.

배 반이었다. 집에서는 여우와 오소리의 두터운 털가죽을 깔고 지내셨다. 탈상하고서는 패물을 착용하지 않은 적이 없으셨다. 예복이 아니면, 반드시 폭을 좁게 옷을 지어 입으셨다. 검은 양의 갖옷과 검은 관을 쓰고는 조문하지 않으셨다. 매월 초하루에는 반드시 조복朝服을 입고 조정에 나아가셨다.

君子不以紺緅飾, 紅紫不以爲褻服. 當署, 袗絺綌, 必表而出之. 緇衣羔裘, 素衣麑裘, 黃衣狐裘. 褻裘長, 短右袂. 必有寢衣, 長一身有半. 狐貉之厚以居. 去喪, 無所不佩. 非帷裳, 必殺之. 羔裘玄冠, 不以弔. 吉月, 必朝服而朝.[58]

10.7

재계하실 때는 반드시 명의*를 준비하셨는데, 베로 지었다. 재계하실 때는 반드시 음식을 바꾸고, 거처도 반드시 평소 앉는 곳과 달리하셨다.

齊必有明衣, 布. 齊必變食, 居必遷坐.

10.8

밥은 곱게 도정한 것을 싫어하지 않으셨고, 회는 곱게 썬 것을 싫어하지 않으셨다. 밥이 쉬어 맛이 변한 것과 생선이나 고기가 상한 것을 들지 않으셨다. 색깔이 나쁜 것을 들지 않

---

* 명의(明衣): 재계(齋戒) 기간에 목욕 후 입었던 속옷.

으셨고, 냄새가 나쁜 것을 들지 않으셨다. 제대로 익히지 않은 것을 들지 않으셨고, 제때 음식이 아니면 들지 않으셨다. 자른 것이 반듯하지 않으면 들지 않으셨고, 음식에 맞는 장을 얻지 못하면 들지 않으셨다. 고기가 아무리 많아도 [주식인] 밥 기운을 이길 만큼 많이 들지 않으셨다. 술만큼은 양을 제한하지 않았는데, 난장판에 이르지는 않으셨다. 사온 술과 포는 들지 않으셨다. 생강은 치우지는 않으셨으나 많이 들지는 않으셨다.

食不厭精, 膾不厭細. 食饐而餲, 魚餒而肉敗, 不食. 色惡, 不食. 臭惡, 不食. 失飪, 不食. 不時, 不食. 割不正, 不食. 不得其醬, 不食. 肉雖多, 不使勝食氣. 唯酒無量, 不及亂. 沽酒市脯, 不食. 不撤薑食, 不多食.

10.9

나라에서 제사 지낼 때 [받은] 고기는 그날 밤을 넘기지 않으셨다. [집에서] 제사 지낸 고기도 3일을 넘기지 않으셨다. 3일이 넘으면 들지 않으셨다.

祭於公, 不宿肉. 祭肉, 不出三日. 出三日, 不食之矣.

10.10

식사하실 때 [다른 사람과] 말하지 않으셨고, 주무실 때 [아무것도] 말하지 않으셨다.

食不語, 寢不言.⁵⁹

10.11

비록 거친 밥, 나물국, 오이라고 할지라도, 제사에는 반드시 마음을 가다듬으셨다.

雖疏食菜羹瓜, 祭必齊如也.⁶⁰

10.12

좌석이 바르지 않으면 앉지 않으셨다.

席不正, 不坐.

10.13

지역 사람들과 술을 마실 때는 지팡이 짚은 노인이 자리에서 일어나야 비로소 자리를 뜨셨다.

鄉人飲酒, 杖者出, 斯出矣.

10.14

지역 사람들이 나례*를 지낼 때는 조복을 입고 동쪽 층계에서 계셨다.

---

*   나례(儺禮): 잡귀를 쫓는 의식.

鄉人儺, 朝服而立於阼階.

10.15

다른 나라에 사람을 보내 안부를 물을 때는 절을 거듭하고 보냈다.

問人於他邦, 再拜而送之.

10.16

강자(계강자)가 약을 보내오자, 절을 하고 받으며 말씀하셨다. "제가 잘 알지 못하므로 감히 맛볼 수 없습니다."

康子饋藥, 拜而受之. 曰, 丘未達, 不敢嘗.

10.17

마구간에 불이 났다. 선생님께서 조정에서 퇴청하여 말씀하셨다. "사람이 다쳤는가?" 말에 대해서는 묻지 않았다.

廐焚. 子退朝曰, 傷人乎. 不問馬.

10.18

군주가 음식을 내리시면, 반드시 자리를 바르게 하고 [나누어 주기 전에] 먼저 맛을 보셨다. 군주가 날고기를 내리시면, 반드시 그것을 익혀서 [조상에게] 바치셨다. 군주가 살아 있는 것을 내리시면 반드시 그것을 키우셨다. 군주를 모시고 식사할 때, 군주가 제사 지내면 [음식이 괜찮은지] 먼저 맛을 보셨다.

君賜食, 必正席先嘗之. 君賜腥, 必熟而薦之. 君賜生, 必畜之. 侍食於君, 君祭, 先飯.

10.19

병이 났을 때 군주가 문병을 오시면, 머리를 동쪽으로* 두고, 조복으로 몸을 덮고, 띠를 걸치셨다.

疾, 君視之, 東首, 加朝服, 拖紳.

10.20

군주가 명하여 부르시면, 수레가 준비되기를 기다리지 않고 가셨다.

君命召, 不俟駕行矣.

10.21

태묘에 들어가서는 매사를 물으셨다

入大廟, 每事問.**

---

* 군주가 남쪽을 바라보는 것이 예(禮)이다. 신하인 자신이 머리를 동쪽으로 해야 군주가 남쪽을 바라볼 수 있다.
** 「팔일」15장에 같은 구절이 나온다.

10.22

붕우가 죽어서 돌아갈 곳이 없는 경우, "내 집에 빈소를 차리라"라고 하셨다.

朋友死無所歸, 曰, 於我殯.

10.23

붕우가 보낸 것이 비록 수레와 말이라고 하여도, 제사 고기가 아니면 절하지 않으셨다.

朋友之饋, 雖車馬, 非祭肉, 不拜.

10.24

누우실 때는 다리를 굽히지 않으시고, 평소 지내실 때는 [몸가짐을] 꾸미지 않으셨다.

寢不尸, 居不容.[61]

10.25

상복을 입은 사람을 보면, 평소에 허물없이 지내는 사이라도 반드시 안색이 바뀌셨다. 면류관을 쓴 사람이나 장님을 보면, 자주 만나는 사이라도 반드시 예모禮貌(예절에 맞는 몸가짐)를 갖추셨다. 흉복(상복)을 입은 사람이 있으면, 몸을 숙여 예禮를 표하셨다. 나라의 서류를 짊어지고 가는 사람에게도 몸을 숙여 예禮를 표하셨다. 잘 차려진 음식을 받으면, 반드시 안색이 바뀌며 일어서셨다. 갑작스레 천둥이 치고, 바람이 맹렬히 불 때도 반드시 안색이 바뀌셨다.

見齊衰者, 雖狎, 必變. 見冕者與瞽者, 雖褻, 必以貌. 凶服者式之. 式負版者. 有盛饌, 必變色而作. 迅雷風烈, 必變.

10.26

수레에 오를 때는 반드시 바르게 서서 수레 끈을 잡으셨다. 수레 안에서는 돌아보지 않으시며, 말씀을 빨리 하지 않으시며, 직접 손가락으로 가리키지도 않으셨다.

升車, 必正立, 執綏. 車中, 不內顧, 不疾言, 不親指.

10.27

[꿩들이] 놀라서 날아올랐다. 하늘을 날다가 다시 모여들었다. 선생님께서 말씀하셨다. "산기슭의 까투리여, 때에 맞게 하는구나, 때에 맞게 하는구나." 자로가 [존중의 뜻으로] 꿩을 향해 손을 모으자, 새들은 세 번 냄새 맡고 날아갔다.

色斯擧矣, 翔而後集. 曰, 山梁雌雉, 時哉時哉. 子路共之, 三嗅而作.[62]

11

선
진

先進

11.1

선생님께서 말씀하셨다. "예악에서 선배들은 촌놈이고, 예악에서 후배들은 군자이다. 만약 [예악을] 써야 한다면, 나는 선배들을 따르겠다."

子曰, 先進於禮樂, 野人也, 後進於禮樂, 君子也. 如用之, 則吾從先進.[63]

11.2

선생님께서 말씀하셨다. "진陳나라와 채蔡나라에 있던 시절에 나를 따르던 사람들이 모두 문하에 있지 않구나."

子曰, 從我於陳蔡者, 皆不及門也.[64]

11.3

덕행에는 안연, 민자건, 염백우,* 중궁이요, 말에 대해서는 재아, 자공이요, 정사에는 염유, 계로요, 글에 대해서는 자유와 자하였다.

德行, 顔淵, 閔子騫, 冉伯牛, 仲弓. 言語, 宰我子貢. 政事, 冉有, 季路. 文學, 子游, 子夏.

---

* 염백우(冉伯牛): 성은 염(冉)이고 이름은 경(耕), 자가 백우(伯牛)이다. 공자 제자, 노나라 사람.

11.4*

선생님께서 말씀하셨다. "회回(안회)는 나를 도와주는 사람이 아니구나. 나의 말에 기뻐하지 않는 것이 없다."

子曰, 回也, 非助我者也, 於吾言, 無所不說.

11.5

선생님께서 말씀하셨다. "'효성스럽구나, 민자건은!' 민자건의 부모 형제가 하는 이런 말에 사람들이 이의를 제기하지 않는다."

子曰, 孝哉, 閔子騫. 人不間於其父母昆弟之言.

11.6

남용(남궁괄)이 「백규」**라는 시詩를 세 번씩 외우자 선생님께서는 자기 형의 자식을 아내로 삼게 하셨다.***

南容三復白圭, 孔子以其兄之子妻之.

---

* 주희는 11.3과 11.4를 하나의 장으로 보았다.
** 「백규(白圭)」: 『시경』「대아(大雅)」'억抑'에서 "하얀 옥의 흠결은 갈아 없앨 수 있지만, 말의 흠결은 그럴 수 없네(白圭之玷, 尙可磨也, 斯言之玷, 不可也)"라고 하여 말조심을 강조한 시를 말한다.
*** 「공야장」 2장에서도 공자가 남용을 칭찬하였다.

11.7

계강자(노나라 대부)가 물었다. "제자 중에서 누가 배움을 좋아한다고 하시겠소?" 공자가 대답하였다. "안회라는 사람이 있어 배움을 좋아하였는데, 불행히도 명이 짧아 죽었습니다. 지금은 [그런 사람이] 없습니다."

季康子問, 弟子孰爲好學. 孔子對曰, 有顏回者好學, 不幸短命死矣. 今也則亡.

11.8

안연(안회)이 죽자, 안로*가 공자의 수레를 팔아 덧관을 마련해줄 것을 청하였다. 선생님께서 말씀하셨다. "재능이 있든 없든 역시 각자 자기 자식에 대해 말하기 마련인데, [내 아들] 리鯉**가 죽었을 때에도 관만 쓰고, 덧관은 쓰지 않았다. 내가 걸어 다니기로 하고 [수레를 팔아] 덧관을 마련해주지 않은 것은, 내가 대부의 뒤를 따르는 사람이라, 걸어 다닐 수 없었기 때문이다."

顏淵死, 顏路請子之車以爲之槨. 子曰, 才不才, 亦各言其子也. 鯉也死, 有棺而無槨. 吾不徒行以爲之槨, 以吾從大夫之後, 不可徒行也.[65]

---

*   안로(顏路): 안연(안회)의 아버지이자 공자의 제자다. 이름은 무요(無繇), 자가 로(路)이다.
** 리(鯉): 공자의 아들 공리(孔鯉). 자는 백어(伯魚)다. 50세에 공자보다 먼저 죽었다.

11.9

안연이 죽자 선생님께서 말씀하셨다. "아아, 하늘이 나를 버리시는구나, 하늘이 나를 버리시는구나."

顔淵死. 子曰, 噫, 天喪予, 天喪予.

11.10

안연이 죽자, 선생님의 곡이 지나치게 애통하였다. 따르는 사람이 말하기를, "선생님, 지나치게 애통해하십니다." 선생님께서 말씀하셨다. "지나치게 애통해한다고? 저 사람을 위해 지나치게 애통해하지 않고, 누구를 위해 지나치게 애통해한단 말인가!"

顔淵死, 子哭之慟. 從者曰, 子慟矣. 曰, 有慟乎. 非夫人之爲慟而誰爲.

11.11

안연이 죽자, 문인들이 후하게 장사 지내고자 하였다. 선생님께서 말씀하셨다. "안 된다." 문인들이 후하게 장사 지냈다. 선생님께서 말씀하셨다. "회回(안연)는 나를 아버지처럼 여겼다. 그런데 나는 그를 아들처럼 여기지 못했구나. [이것은] 나 때문이 아니라 너희들 때문이다!"

顔淵死, 門人欲厚葬之. 子曰, 不可. 門人厚葬之. 子曰, 回也視予猶父也, 予不得視猶子也. 非我也, 夫二三子也.

11.12

자로가 귀신을 섬기는 일에 대해 묻자, 선생님께서 말씀하셨다. "사람도 섬기지 못하는데 어찌 귀신을 섬길 수 있겠는가?" [자로가] 여쭈었다. "죽음에 대해 감히 묻습니다." [선생님께서] 말씀하셨다. "삶도 아직 모르겠는데, 죽음을 어찌 알겠는가?"

季路問事鬼神. 子曰, 未能事人, 焉能事鬼. 曰, 敢問死. 曰, 未知生, 焉知死.

11.13

민자(민자건)는 선생님을 옆에서 모실 때 온화하였고, 자로는 팔팔하였고, 염유와 자공은 떳떳했다. 선생님께서는 즐거워하셨다. [말씀하시기를] "유由(자로)와 같다면, 합당한 죽음을 얻지 못할 것이다."

閔子侍側, 誾誾如也. 子路, 行行如也. 冉有子貢, 侃侃如也. 子樂. 若由也, 不得其死然.[66]

11.14

노나라 사람이 장부長府라는 창고를 고쳤다. 민자건이 말하였다. "옛것을 그대로 쓰면 어떤가? 어찌해서 꼭 새로 고쳐야

하는가?" 선생님께서 말씀하셨다. "저 사람은 말은 잘하지 않지만, 말을 하면 반드시 딱 들어맞는다."

魯人爲長府. 閔子騫曰, 仍舊貫, 如之何, 何必改作. 子曰, 夫人不言, 言必有中.

11.15

선생님께서 말씀하셨다. "유由(자로)의 거문고 연주의 경우, 어째서 내 집 문에서 [행해지는가]?" 이에 문인들이 자로를 공경하지 않았다. 선생님께서 말씀하셨다. "유는 당堂(대청마루)에 올라오긴 하였다. 아직 방(높은 경지)에는 들어오지 못하였을 뿐이다."

子曰, 由之瑟, 奚爲於丘之門. 門人不敬子路. 子曰, 由也升堂矣. 未入於室也.

11.16

자공이 여쭈었다. "사師(자장)와 상商(자하) 중에서 누가 더 현능한가요?" 선생님께서 말씀하셨다. "사는 지나치고, 상은 모자란다." 자공이 여쭈었다. "그렇다면 사가 낫습니까?" 선생님께서 말씀하셨다. "지나침은 모자람과 같다."

子貢問, 師與商也孰賢. 子曰, 師也過, 商也不及. 曰, 然則師愈與. 子曰, 過猶不及.

11.17

계씨(노나라 대부)가 주공보다도 부유한데도, 구求(염구)는 그를 위해 세금을 거두어 재산을 더해주었다. 선생님께서 말씀하셨다. "나의 무리가 아니다. 제자들아, 북을 울려 공박해도 좋다!"

季氏富於周公, 而求也爲之聚斂而附益之. 子曰, 非吾徒也. 小子鳴鼓而攻之可也.[67]

11.18

시柴*는 우직하고, 삼參(증삼)은 맹하고, 사師(자장)는 편벽되고, 유由(자로)는 거칠었다.

柴也愚, 參也魯, 師也辟, 由也喭.

11.19

선생님께서 말씀하셨다. "회回(안회)는 거의 [도道에] 가까웠으나, 자주 궁핍하게 지냈다. 사賜(자공)는 자신의 천명을 받아들이지 않고 돈을 벌었는데, 추측을 하면 자주 적중하였다."

子曰, 回也其庶乎, 屢空. 賜不受命, 而貨殖焉, 億則屢中.[68]

---

* 시(柴): 성은 고(高)이고 이름은 시(柴), 자는 자고(子羔)이다. 공자 제자.

11.20

자장이 좋은 사람이 되는 길에 대해 여쭈었다. 선생님께서 말씀하셨다. "[옛 성인의] 자취를 밟지 않으면, 그 역시 높은 경지에 들어갈 수 없다."

子張問善人之道. 子曰, 不踐迹, 亦不入於室.

11.21

선생님께서 말씀하셨다. "논의가 진중하다고 인정한다면, 군자라는 것인가? 겉모습만 장엄한 사람이라는 것인가?"

子曰, 論篤是與, 君子者乎, 色莊者乎.[69]

11.22

자로가 여쭈었다. "들은 것은 곧바로 행하여야 합니까?" 선생님께서 말씀하셨다. "부형이 계시는데, 어떻게 그저 듣는다고 정녕 곧바로 행하겠는가?" 염유(염구)가 여쭈었다. "들은 것은 곧바로 행하여야 합니까?" 선생님께서 말씀하셨다. "들은 것은 곧바로 행하여라!" 공서화(공서적)가 여쭈었다. "유由(자로)가 들은 것은 곧바로 행하여야 하냐고 물었을 때는 부형이 계신다고 말씀하시고, 구求(염유)가 들은 것은 곧바로 행하여야 하냐고 물었을 때는 들은 것은 곧바로 행하라고 말씀하셨습니다. 저는 혼란스러워 감히 [그 까닭을] 여쭙습니다." 선

선생님께서 말씀하셨다. "구는 물러서는 경향이 있으므로 나아가게 한 것이고, 유는 지나치게 앞서가니 뒤로 물러서게 한 것이다."

子路問, 聞斯行諸. 子曰, 有父兄在, 如之何其聞斯行之. 冉有問, 聞斯行諸. 子曰, 聞斯行之. 公西華曰, 由也問聞斯行諸, 子曰, 有父兄在, 求也問聞斯行諸, 子曰, 聞斯行之. 赤也惑, 敢問. 子曰, 求也退, 故進之, 由也兼人, 故退之.

11.23

선생님께서 광匡 땅에서 핍박당하실 때 안연이 뒤처져 있었다. 선생님께서 말씀하셨다. "나는 네가 죽은 줄 알았다." 회回(안연)가 말하였다. "선생님이 살아 계시는데, 제가 어찌 감히 죽겠습니까?"

子畏於匡, 顔淵後. 子曰, 吾以女爲死矣. 曰, 子在, 回何敢死.

11.24

계자연*이 여쭈었다. "중유(자로)와 염구(염유)는 대신大臣이라고 할 만합니까?" 선생님께서 말씀하셨다. "나는 그대가 다른 질문을 할 줄 알았는데, 그래 유由(중유)와 구求(염구)에 대한 질문이구나! 이른바 대신이라는 자들은 도道로써 군주를 섬기

---

* 계자연(季子然): 노나라 세도가인 계씨 집안의 자제.

고, 그것이 여의치 않으면 그만둔다. 지금의 유와 구는 자리나 채우는 신하라고 할 만하다." [계자연이] 여쭈었다. "그렇다면 따르기만 하는 자들입니까?" 선생님께서 말씀하셨다. "아버지와 군주를 죽이는 일이라면, 결코 따르지 않을 것이다."

季子然問, 仲由冉求可謂大臣與. 子曰, 吾以子爲異之問, 曾由與求之問. 所謂大臣者, 以道事君, 不可則止. 今由與求也, 可謂具臣矣. 曰, 然則從之者與. 子曰, 弒父與君, 亦不從也.

11.25

자로가 자고(고시)를 비費 땅의 읍재로 삼았다. 선생님께서 말씀하셨다. "남의 자식을 망치는구나!" 자로가 말하였다. "다스릴 사람들이 있고 사직이 있으니, 어째서 꼭 『서書』(후대의 『서경』)를 읽은 뒤에라야 배웠다고 하겠습니까?" 선생님께서 말씀하셨다. "이래서 말만 잘하는 사람을 미워하는 것이다."

子路使子羔爲費宰. 子曰, 賊夫人之子. 子路曰, 有民人焉, 有社稷焉, 何必讀書, 然後爲學. 子曰, 是故惡夫佞者.

11.26

자로(중유), 증석(증점),* 염유(염구), 공서화(공서적)가 선생님을

---

* 증석(曾晳): 증삼(曾參)의 아버지이자 공자의 제자다. 이름은 점(點)이고, 자가 자석(子晳)이다.

선진先進

모시고 앉아 있었다. 선생님께서 말씀하셨다. "내가 너희보다 조금 더 나이 먹었다고 해서 나를 개의치 마라. 평소에 [너희들은] '나를 알아주는 사람이 없다!'고들 하는데, 만약 누군가가 너희를 알아준다면, 어떻게 하겠는가?" 자로가 경솔하게 대답하였다. "제후국이 대국 사이에서 간섭을 받는 데다가 군사적 위협을 받고 기근까지 든 상황에서, 제가 다스린다면 3년이면 용기를 갖게 하고 [나아가야 할] 방향을 알게 하겠습니다." 선생님께서 빙그레 웃으셨다. "구求(염유)야, 너는 어떠냐?" 대답하였다. "사방 육칠십 리 또는 오륙십 리를 제가 다스린다면, 3년이면 피치자들을 풍족하게 만들겠습니다. 예악의 문제라면, 군자를 기다리겠습니다." "적赤(공서화)아, 너는 어떠냐?" 대답하였다. "잘할 수 있다고 말씀드리는 것이 아니라 배우기를 원합니다. 종묘의 제사 일 또는 외교적 회동에 예복과 예모를 갖추어 입고 군주의 예를 조금 돕는 사람이 되고 싶습니다." "점點(증석)아, 너는 어떠냐?" 거문고 연주를 늦추더니 쟁 소리 나게 거문고를 내려놓고 일어서서 대답하였다. "[저는] 세 사람이 지닌 기량과는 다릅니다." 선생님께서 말씀하셨다. "뭘 걱정하느냐. 그들 역시 각자 자기 뜻을 말한 것이다." [증석이] 말하였다. "늦은 봄에, 봄 예복이 다 지어지거든, 어른 대여섯 명과 아이 예닐곱 명과 어울려 기수*에서 목욕하고 무우**에서 바람 쐬고, 읊조리며 돌아오겠습니다." 선생님께서 크게 감탄하며 말씀하셨다. "나는 점點에게 공감한다." 세 사람이 나가고 증석이 뒤에 남았다. 증석이 말하였다. "저 세 사람의 말은 어떻습니까?" 선생님께서 말씀하셨다. "각자 자기 뜻을 말했을 뿐이다." [증석이] 여쭈었다. "선생님께서는 왜 유由(자로)의 말에 빙그레 웃으셨습니까?" 선생님께서 말씀하셨다. "나라를 예禮로 다스려야 하는데, 그 말이 겸손하지 못하여 빙그레 웃은 것이다." [증석이 여쭈었다.] "구求가 말한 것은 나라를 다스리는 것이 아닙니까?" 선생님께서 말씀하셨다. "사방 육칠십 리 또는 오륙십 리나 되는데, 어찌 나라를 다스리는 것이 아니겠느냐?" [증석이 여쭈었다.] "적赤이 말한 것은 나라를 다스리는 것이 아닙니까?" 선생님께서 말씀하셨다. "종묘 제사와 외교적 회동이 제후의 일이 아니면 무엇이냐? 적赤이 [하는 일이] 작은 것이라면, 누구의 일이 큰 것이 되겠는가?"

子路曾晳冉有公西華侍坐. 子曰, 以吾一日長乎爾, 毋吾以也. 居則曰, 不吾知也, 如或知爾, 則何以哉. 子路率爾而對曰, 千乘之國, 攝乎大國之間, 加之以師旅, 因之以饑饉, 由也爲之, 比及三年, 可使有勇, 且知方也. 夫子哂之. 求, 爾何如. 對曰, 方六七十, 如五六十, 求也爲之, 比及三年, 可使足民. 如其禮樂, 以俟君子. 赤, 爾何如. 對曰, 非曰能之, 願學焉. 宗廟之事, 如會同, 端章甫, 願爲小相焉. 點, 爾何如. 鼓瑟希, 鏗爾, 舍瑟

---

* 기수(沂水): 강 이름.
** 무우(舞雩): 제사 지내던 곳의 지명.

而作, 對曰, 異乎三子者之撰. 子曰, 何傷乎. 亦各言其志也. 曰, 莫春者, 春服旣成, 冠者五六人, 童子六七人, 浴乎沂, 風乎舞雩, 詠而歸. 夫子喟然歎曰, 吾與點也. 三子者出, 曾晳後. 曾晳曰, 夫三子者之言何如. 子曰, 亦各言其志也已矣. 曰, 夫子何哂由也. 曰, 爲國以禮, 其言不讓, 是故哂之. 唯求則非邦也與. 安見方六七十如五六十而非邦也者. 唯赤則非邦也與. 宗廟會同, 非諸侯而何. 赤也爲之小, 孰能爲之大.[70]

12 안연

顔淵

12.1

안연이 인仁에 대해 여쭈었다. 선생님께서 말씀하셨다. "자신을 이기고 예禮로써 남을 대하는 것이 인仁을 실천하는 것이다.* 하루라도 자신을 이기면 천하가 인仁으로 향한다. 인仁을 실천한다는 것이 자기로부터 말미암는 것이지, 남으로부터 말미암는 것이겠는가?" 안연이 말하였다. "그 [실천] 항목에 대해 여쭙습니다." 선생님께서 말씀하셨다. "예禮가 아니면 보지 말고, 예禮가 아니면 듣지 말고, 예禮가 아니면 말하지 말고, 예禮가 아니면 움직이지 마라." 안연이 말하였다. "제가 비록 노력이 부족하기는 하나 이 말씀을 받들고자 합니다."

顔淵問仁. 子曰, 克己復禮, 爲仁. 一日克己復禮, 天下歸仁焉. 爲仁由己, 而由人乎哉. 顔淵曰, 請問其目. 子曰, 非禮勿視, 非禮勿聽, 非禮勿言, 非禮勿動. 顔淵曰, 回雖不敏, 請事斯語矣.[71]

12.2

중궁이 인仁에 대해 여쭈었다. 선생님께서 말씀하셨다. "문을 나가서는 큰 손님을 뵌 듯이 하고, 피치자를 부릴 때는 큰 제사를 받들듯이 하고, 자신이 원하지 않는 것을 남에게 하지 않는다. 그러면 제후국에 [벼슬하고] 있어도 원망함이 없고, 경

---

* 『좌전』「소공 12년」에 공자가 옛말이라며 극기복례가 곧 인(仁)이라고 인용하는 대목(仲尼曰, 古也有志, 克己復禮, 仁也, 信善哉)이 나온다.

대부 집안에 [가신으로] 있어도 원망함이 없을 것이다." 중궁이 말하였다. "제가 비록 노력이 부족하기는 하나 이 말씀을 받들고자 합니다."

仲弓問仁. 子曰, 出門如見大賓, 使民如承大祭.* 己所不欲, 勿施於人. 在邦無怨, 在家無怨. 仲弓曰, 雍雖不敏, 請事斯語矣.[72]

12.3

사마우**가 인仁에 대해 여쭈었다. 선생님께서 말씀하셨다. "인仁한 사람은 말을 함부로 하지 않는다." [사마우가] 여쭈었다. "말을 함부로 하지 않으면, 그것을 인仁이라고 할 수 있습니까?" 선생님께서 말씀하셨다. "[그것을] 실천하기 어렵다. 말을 하면서 말조심하지 않을 수 있겠는가?"

司馬牛問仁. 子曰, 仁者, 其言也訒. 曰, 其言也訒, 斯謂之仁矣乎. 子曰, 爲之難, 言之得無訒乎.[73]

12.4

사마우가 군자에 대해 물었다. 선생님께서 말씀하셨다. "군자는 걱정하지 않고 두려워하지 않는다." [사마우가] 여쭈었다.

---

* 出門如見大賓, 使民如承大祭: 『좌전』 「희공(僖公) 33년」에 나오는 구절이다.

** 사마우(司馬牛): 성은 사마(司馬), 이름은 경(耕), 자가 자우(子牛)이다. 공자 제자, 송나라 사람.

"걱정하지 않고 두려워하지 않으면 이를 곧 군자라고 이를 수 있습니까?" 선생님께서 말씀하셨다. "안으로 반성하여 꺼림하지 않으면, 무엇을 근심하고 무엇을 두려워하랴?"

司馬牛問君子. 子曰, 君子不憂不懼. 曰, 不憂不懼, 斯謂之君子矣乎. 子曰, 內省不疚, 夫何憂何懼.

12.5

사마우가 걱정하며 말하였다. "사람들은 모두 형제가 있는데 나 혼자만 없다." 자하가 말하였다. "나는 '생사에는 운명이 있고, 부귀는 하늘에 달린 것이다'라고 들었다. 군자가 공경하며 해이함이 없고, 남과의 관계에서 공손하며 예禮가 있으면, 온 세상 사람이 모두 형제다. 군자가 어찌 형제가 없다고 근심하리오?"

司馬牛憂曰, 人皆有兄弟, 我獨亡. 子夏曰, 商聞之矣, 死生有命, 富貴在天. 君子敬而無失, 與人恭而有禮, 四海之內, 皆兄弟也. 君子何患乎無兄弟也.

12.6

자장이 명민함에 대해 여쭈었다. 선생님께서 말씀하셨다. "젖어드는 듯한 남 헐뜯는 소리와 피부를 자극하는 듯한 하소연이 통하지 않으면, 명민하다고 할 만하다. 젖어드는 듯한 남 헐뜯는 소리와 피부를 자극하는 듯한 하소연이 통하지 않으면, 멀리까지 본다고 할 만하다."

子張問明. 子曰, 浸潤之譖, 膚受之愬, 不行焉, 可謂明也已矣. 浸潤之譖, 膚受之愬, 不行焉, 可謂遠也已矣.

12.7

자공이 정치에 대해 여쭈었다. 선생님께서 말씀하셨다. "먹을 것을 풍족히 하고, 병기를 넉넉히 하고, 피치자들이 신뢰하게 하는 것이다." 자공이 말하였다. "부득이해서 버려야 한다면 이 세 가지 중에서 무엇이 먼저입니까?" 선생님께서 말씀하셨다. "병기이다." 자공이 말하였다. "부득이해서 버려야 한다면 이 남은 두 가지 중에서 무엇이 먼저입니까?" 선생님께서 말씀하셨다. "먹을 것이다. 자고로 모두 죽게 되어 있다. 피치자가 신뢰하지 않으면 설 수 없다."

子貢問政. 子曰, 足食, 足兵, 民信之矣. 子貢曰, 必不得已而去, 於斯三者何先. 曰, 去兵. 子貢曰, 必不得已而去, 於斯二者何先. 曰, 去食. 自古皆有死. 民無信不立.[74]

12.8

극자성(위나라 대부)이 말하였다. "군자가 바탕이면 되었지 어째서 세련되게 표현하겠는가?" 자공이 말하였다. "애석하구려! 선생께서 군자에 대해 한 말씀이. 네 필의 말이 끄는 수레도 뱉은 말을 쫓아가기 어려운 법입니다. 세련된 표현은 바탕과 같은 급이요, 바탕은 세련된 표현과 같은 급입니다. [바탕만 중시한다면] 털을 없앤 호랑이와 표범 가죽은 털을 없앤 개와 양의 가죽과 같은 것이 되고 맙니다."

棘子成曰, 君子質而已矣, 何以文爲. 子貢曰, 惜乎, 夫子之說君子也. 駟不及舌. 文猶質也, 質猶文也. 虎豹之鞟猶犬羊之鞟.[75]

12.9

애공(노나라 군주)이 유약(유자)에게 물었다. "흉년이 들어 재정이 부족하니 어찌해야 하는가?" 유약이 대답하였다. "어째서 철법*을 시행하지 않습니까?" 애공이 말하였다. "10분의 2도 나는 오히려 부족하오. 어째서 굳이 철법이오?" 대답하였다. "백성이 풍족하면 군주가 누구와 더불어 부족하겠습니까? 백성이 부족하면 군주는 누구와 더불어 풍족하겠습니까?"

哀公問於有若曰, 年饑, 用不足, 如之何. 有若對曰, 盍徹乎. 曰, 二, 吾猶不足, 如之何其徹也. 對曰, 百姓足, 君孰與不足. 百姓不足, 君孰與足.

12.10

자장이 덕德을 숭상하는 일과 의혹을 판별해내는 일에 대해 여쭈었다. 선생님께서 말씀하셨다. "충성과 믿음을 핵심으로

---

* 철법(徹法): 주나라의 세금제도로, 수확량의 10분의 1을 징수한다.

삼되, 올바름으로 옮겨가는 것이 덕德을 숭상하는 것이다. 아낄 때는 그의 삶을 바라며, 미워할 때는 그의 죽음을 바란다. 삶을 바랐다가 죽음을 바랐다가 하는 이것이 바로 미혹된 것이다. '[감정이 식었다고 가버리면] 진실로 집안을 풍요하게 할 수 없고, 그저 별난 짓일 뿐이네.'"

子張問崇德辨惑. 子曰, 主忠信, 徙義, 崇德也. 愛之欲其生, 惡之欲其死. 旣欲其生, 又欲其死, 是惑也. 誠不以富, 亦祗以異.*[76]

12.11

제나라 경공이 공자에게 정치에 대해 물었다. 공자가 대답하였다. "군주는 군주답고, 신하는 신하답고, 아비는 아비답고, 자식은 자식다워야 합니다." 경공이 말하였다. "좋은 말씀입니다! 정녕 임금이 임금답지 않고, 신하가 신하답지 않고, 아비가 아비답지 않고, 자식이 자식답지 않으면, 비록 곡식이 있어도 내가 그것을 먹을 수 있으리오?"

齊景公問政於孔子. 孔子對曰, 君君, 臣臣, 父父, 子子. 公曰, 善哉. 信如君不君, 臣不臣, 父不父, 子不子, 雖有粟, 吾得而食諸.

12.12

선생님께서 말씀하셨다. "몇 마디 말로 옥사獄事를 판결해낼

---

* 誠不以富, 亦祗以異: 『시경』 「소아」 '아행기야(我行其野)'에 나오는 구절이다.

사람은 아마 유由(자로)일 것이다." 자로는 하기로 한 바를 미루는 법이 없었다.

子曰, 片言可以折獄者, 其由也與. 子路無宿諾.[77]

12.13

선생님께서 말씀하셨다. "송사를 판결하는 것은 나도 남들처럼 할 수 있다. 그러나 반드시 송사가 없게 하겠다!"

子曰, 聽訟, 吾猶人也. 必也使無訟乎.

12.14

자장이 정치에 대해 여쭈었다. 선생님께서 말씀하셨다. "평소에는 게으름 부리지 말고, 뭔가 행동에 옮길 때는 충심으로 하라."

子張問政. 子曰, 居之無倦, 行之以忠.

12.15

선생님께서 말씀하셨다. "세련된 표현에 관해서 널리 배우고, 예禮로써 자신을 단속한다. [그러면 도道에] 참으로 위배되지 않을 것이다!"*

---

* 「옹야」 27장에 같은 구절이 나온다.

子曰, 博學於文, 約之以禮, 亦可以弗畔矣夫.

12.16

선생님께서 말씀하셨다. "군자는 남의 좋은 점을 이루어주고, 남의 나쁜 점을 이루어주지 않는다. 소인은 이와 반대이다."

子曰, 君子成人之美, 不成人之惡. 小人反是.

12.17

계강자(노나라 대부)가 공자에게 정치에 대해 물었다. 공자가 대답하였다. "정치란 바르게 하는 것입니다. 대부께서 바른 것으로써 이끌면 누가 감히 바르지 않겠습니까?"

季康子問政於孔子. 孔子對曰, 政者, 正也. 子帥以正, 孰敢不正.

12.18

계강자가 도적을 걱정하여 공자에게 물었다. 공자가 대답하였다. "만약 대부께서 탐욕을 부리지만 않으면, [그에 감화되어] 상을 준다 하더라도 도적질하지 않을 것입니다."

季康子患盜, 問於孔子. 孔子對曰, 苟子之不欲, 雖賞之不竊.

12.19

계강자가 공자에게 정치에 대해 물었다. "무도한 자를 죽여서 [피치자들을] 도道가 있는 곳으로 나아가게 한다면 어떤가?" 공자가 대답하였다. "대부께서는 정치를 하면서 어찌 살인을 그 도구로 쓰려고 하십니까? 대부께서 선하고자 하면, 피치자들도 선해질 것입니다. 군자의 덕德은 바람이요, 소인의 덕德은 풀입니다. 풀 위에 바람이 불면, 풀은 반드시 눕습니다."

季康子問政於孔子曰, 如殺無道, 以就有道, 何如. 孔子對曰, 子爲政, 焉用殺. 子欲善而民善矣. 君子之德風, 小人之德草. 草上之風必偃.[78]

12.20

자장이 여쭈었다. "사士가 어떠해야 성취라고 할 만합니까?" 선생님께서 말씀하셨다. "무엇이냐, 네가 말하는 성취라는 것이?" 자장이 대답하였다. "제후국에 [벼슬하고] 있어도 반드시 [잘한다는] 평판이 퍼지고, 경대부 집안에 [가신으로] 있어도 반드시 [잘한다는] 평판이 퍼지는 것입니다." 선생님께서 말씀하셨다. "그것은 평판이지 성취가 아니다. 무릇 성취란, 바탕이 곧고 올바름을 좋아하며, [남의] 말을 헤아리고, 안색을 살피며, 깊이 생각하여 자신을 낮추는 것이다. 그러면 제후국에 [벼슬하고] 있어도 반드시 성취하고, 경대부 집안에 [가신으로] 있어도 반드시 성취할 것이다. 무릇 평판이란, 안색으로는 인仁한 척하되 행동은 어긋나면서 평소에 의심조차 하지 않는 것이다. [그러면] 제후국에 [벼슬하고] 있어도 반드시 평판이 퍼지고, 경대부 집안에 [가신으로] 있어도 반드시 평판이 퍼지게 마련이다."

子張問, 士何如斯可謂之達矣. 子曰, 何哉, 爾所謂達者. 子張對曰, 在邦必聞, 在家必聞. 子曰, 是聞也, 非達也. 夫達也者, 質直而好義, 察言而觀色, 慮以下人. 在邦必達, 在家必達. 夫聞也者, 色取仁而行違, 居之不疑. 在邦必聞, 在家必聞.[79]

12.21

번지가 공자를 따라 무우 근처로 바람 쐬러 갔다가 말하였다. "덕德을 숭상하는 일, 사특함을 고치는 일, 의혹을 가려 없애는 일에 대해 감히 여쭙니다." 선생님께서 말씀하셨다. "좋구나, 그 질문은! 일을 먼저 하고 얻는 것을 나중에 하는 것이 바로 덕德을 숭상하는 일이 아니겠는가? 자신의 악惡은 공박하되 남의 악惡은 공박하지 않는 것이 사특함을 고치는 일이 아니겠는가? 하루아침의 분노로 말미암아 자신을 잊고, 그 화가 부모에게까지 미치는 것이, 곧 미혹됨이 아니겠는가?"

樊遲從遊於舞雩之下, 曰, 敢問崇德, 修慝, 辨惑. 子曰, 善哉, 問. 先事後得, 非崇德與. 攻其惡, 無攻人之惡, 非修慝與. 一朝之忿, 忘其身, 以及其親, 非惑與.

12.22

번지가 인仁에 대해 여쭈었다. 선생님께서 말씀하셨다. "남을 아끼는 것이다." 번지가 안다는 것에 대해 여쭈었다. 선생님께서 말씀하셨다. "남을 아는 것이다." 번지가 이해하지 못하였다. 선생님께서 말씀하셨다. "곧은 사람을 들어 굽은 사람 위에 놓으면 굽은 사람을 바르게 할 수 있다." 번지가 물러나와 자하를 만나서 말하였다. "조금 전 선생님을 뵙고 안다는 것에 대해 물었더니, 선생님께서 '곧은 사람을 들어 굽은 사람 위에 놓으면 굽은 사람을 바르게 할 수 있다'라고 말씀하셨다. 무슨 뜻인가?" 자하가 말하였다. "[뜻이] 풍부하구나, 그 말씀은! 순舜임금께서 천하를 가지고서, 여러 사람 중에서 가려내서 고요*를 등용하시니 인仁하지 않은 자들이 멀어졌다. 탕湯임금께서 천하를 가지고서, 여러 사람 중에서 가려내서 이윤**을 등용하시니 인仁하지 않은 자들이 멀어졌다."

樊遲問仁. 子曰, 愛人. 問知. 子曰, 知人. 樊遲未達. 子曰, 擧直錯諸枉, 能使枉者直. 樊遲退, 見子夏曰, 鄕也吾見於夫子而問知, 子曰, 擧直錯諸枉, 能使枉者直, 何謂也. 子夏曰, 富哉, 言乎. 舜有天下, 選於衆, 擧皐陶, 不仁者遠矣. 湯有天下, 選於衆, 擧伊尹, 不仁者遠矣.

---

*   고요(皐陶): 순임금 때 법을 담당하던 신하.
** 이윤(伊尹): 탕임금 때의 공신.

12.23

자공이 친구에 대해 물었다. 선생님께서 말씀하셨다. "충심을 다해 일러주고, 잘 인도해주되, 불가능하면 그만두어 스스로를 욕되게 하지 마라."

子貢問友. 子曰, 忠告而善道之, 不可則止, 毋自辱焉.

12.24

증자가 말하였다. "군자는 세련된 표현을 통해 친구를 모으고, 친구를 통해 인仁을 북돋는다."

曾子曰, 君子以文會友, 以友輔仁.

13

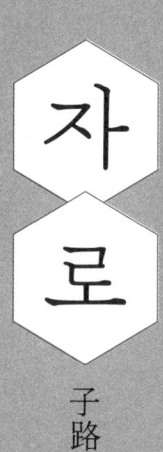

子路

자로子路

13.1

자로가 정치에 대해 여쭈었다. 선생님께서 말씀하셨다. "솔선하고 수고하라." 좀 더 말씀해달라고 청하자, 말씀하셨다. "게을리하지 마라."

子路問政. 子曰, 先之, 勞之. 請益. 曰, 無倦.

13.2

중궁이 계씨(노나라 대부)의 읍재가 되어, 정치에 대해 여쭈었다. 선생님께서 말씀하셨다. "담당자에게 먼저 맡기고, 작은 잘못은 용서해주고, 현능한 사람과 재주 있는 사람을 등용하라." 중궁이 말하였다. "어떻게 현능한 사람과 재주 있는 사람을 알아보아서 등용할 수 있습니까?" 선생님께서 말씀하셨다. "네가 알아본 사람을 등용하라. 네가 알아보지 못한 사람이라고 해서 다른 사람들이 차마 버려두겠느냐?"

仲弓爲季氏宰, 問政. 子曰, 先有司, 赦小過, 擧賢才. 曰, 焉知賢才而擧之. 曰, 擧爾所知. 爾所不知, 人其舍諸.

13.3

자로가 말하였다. "위나라 군주*가 선생님을 기다려서 정치를 하려고 합니다. 선생님께서는 장차 무엇을 먼저 하시겠습

---

* 위나라 군주(衛君): 위나라 '출공(出公)'을 말한다.

니까?" 선생님께서 말씀하셨다. "반드시 이름을 바로잡아야지!" 자로가 말하였다. "그런 게 있습니까? 선생님께서는 우원하시군요. 도대체 어떻게 바로잡습니까?" 선생님께서 말씀하셨다. "거칠구나, 유由(자로)는! 군자는 자기가 알지 못하는 것에 대해서는 비워두는 법이다. 이름이 바르지 않으면, 말이 순조롭지 못하다. 말이 순조롭지 못하면, 일이 이루어지지 않는다. 일이 이루어지지 않으면, 예악이 흥성하지 않는다. 예악이 흥성하지 않으면, 형벌이 들어맞지 않는다. 형벌이 들어맞지 않으면, 피치자들이 손발을 둘 곳이 없게 된다. 그러므로 군자가 이름을 사용하면 반드시 그에 대해 말할 수 있어야 하고, 그에 대해 말을 하면, 반드시 그에 대해 행할 수 있어야 한다. 군자는 자신의 말에 대해 구차함이 없을 따름이다."

子路曰, 衛君待子而爲政, 子將奚先. 子曰, 必也正名乎. 子路曰, 有是哉. 子之迂也. 奚其正. 子曰, 野哉, 由也. 君子於其所不知, 蓋闕如也. 名不正, 則言不順, 言不順, 則事不成, 事不成, 則禮樂不興, 禮樂不興, 則刑罰不中, 刑罰不中, 則民無所錯手足. 故君子名之必可言也, 言之必可行也. 君子於其言, 無所苟而已矣.[80]

13.4

번지가 농사짓는 일을 배우기를 청하였다. 선생님께서 말씀하셨다. "나는 늙은 농부만 못하다." 번지가 채소밭 가꾸는 일을 배우기를 청하였다. 선생님께서 말씀하셨다. "나는 늙은 채소 농사꾼만 못하다." 번지가 나가자 선생님께서 말씀하셨다. "소인이로구나, 번수(번지의 이름)는! 윗사람이 예禮를 좋아하면, 피치자들 중에 감히 공경하지 않는 사람이 없고, 윗사람이 올바름을 좋아하면, 피치자들 중에 감히 복종하지 않는 사람이 없고, 윗사람이 믿음직스러움을 좋아하면, 피치자들이 감히 실상으로 응대하지 않는 사람이 없다. 무릇 이와 같이 한다면 사방의 피치자들이 자식을 강보에 싸서 업고서 몰려들 것이다. 어찌 [다스리는 데] 농사를 쓰리오!"

樊遲請學稼. 子曰, 吾不如老農. 請學爲圃. 曰, 吾不如老圃. 樊遲出. 子曰, 小人哉, 樊須也. 上好禮, 則民莫敢不敬, 上好義, 則民莫敢不服, 上好信, 則民莫敢不用情. 夫如是, 則四方之民, 襁負其子而至矣, 焉用稼.

13.5

선생님께서 말씀하셨다. "시詩 300편을 외워도, 정사를 맡겼을 때 제대로 잘 해내지 못하고, 사방으로 사신 갔을 때 독자적으로 대처해내지 못한다면, 비록 많이 외운들 대체 무엇을 하겠는가?"

子曰, 誦詩三百, 授之以政, 不達, 使於四方, 不能專對, 雖多, 亦奚以爲.

13.6

선생님께서 말씀하셨다. "자신이 바르면 명령을 내리지 않아도 행해질 것이고, 자신이 바르지 않으면 명령을 내려도 따르지 않을 것이다."

子曰, 其身正, 不令而行, 其身不正, 雖令不從.

13.7

선생님께서 말씀하셨다. "노나라와 위나라의 정치는 서로 형제다."

子曰, 魯衛之政, 兄弟也.

13.8

선생님께서 위나라 공자公子 형荊에 대해 평가하셨다. "집안일을 잘 처리하였다. [재산이] 갓 생겼을 때, '그럭저럭 모였구나'라고 말하였고, [재산이] 조금 모이자, '그럭저럭 갖추어졌구나'라고 말하였고, 풍족해지자, '그럭저럭 괜찮구나'라고 말하였다."

子謂衛公子荊, 善居室. 始有, 曰, 苟合矣. 少有, 曰, 苟完矣. 富有, 曰, 苟美矣.

13.9

선생님께서 위나라로 갈 때 염유가 수레를 몰았다. 선생님께서 말씀하셨다. "〔사람들이〕 많구나." 염유가 말하였다. "이미 많으면, 또 무엇을 더할까요?" 말씀하셨다. "부유하게 만들어야지." 염유가 말하였다. "이미 부유하면 또 무엇을 더할까요?" 말씀하셨다. "가르쳐야지."

子適衛, 冉有僕. 子曰, 庶矣哉. 冉有曰, 旣庶矣, 又何加焉. 曰, 富之. 曰, 旣富矣, 又何加焉. 曰, 敎之.

13.10

선생님께서 말씀하셨다. "만약 나를 써주는 사람이 있기만 하면, 1년이면 〔나라를〕 쓸 만한 상태로 만들어놓을 수 있고, 3년이면 완성하겠다."

子曰, 苟有用我者, 期月而已可也, 三年有成.

13.11

선생님께서 말씀하셨다. "'좋은 사람이 100년 동안 나라를 다스려야 겨우 잔악함을 이기고, 사형 집행이 없어도 될 정도로 만들 수 있다'고 하는데, 진실이로구나, 이 말은!"

子曰, 善人爲邦百年, 亦可以勝殘去殺矣. 誠哉, 是言也.

13.12

선생님께서 말씀하셨다. "진정한 군주가 있으면 반드시 한 세대가 지나 인仁하게 될 것이다."

子曰, 如有王者, 必世而後仁.

13.13

선생님께서 말씀하셨다. "만약 자신을 바르게 할 수만 있다면, 정사에 종사함에 무슨 어려움이 있겠는가? 자신을 바르게 할 수 없으면, 어떻게 남을 바르게 하겠는가?"

子曰, 苟正其身矣, 於從政乎何有. 不能正其身, 如正人何.

13.14

염유가 [계씨의] 조정에서 퇴청하였다. 선생님께서 말씀하셨다. "어째서 늦었느냐?" 염유가 대답하였다. "정사 때문입니다." 선생님께서 말씀하셨다. "그 [대부 집안의] 일이겠지! 만약 [나라의] 정사가 있었다면, 비록 내가 쓰이고 있지는 않지만 나도 꼭 참여해 그에 대해 들었을 것이다."

冉子退朝. 子曰, 何晏也. 對曰, 有政. 子曰, 其事也. 如有政, 雖不吾以, 吾其與聞之.

13.15

정공(노나라 군주)이 물었다. "말 한마디로 나라를 흥하게 할 수 있다던데, 실제로 그런 경우가 있습니까?" 공자가 대답하였다. "말이 그와 같을 수는 없겠지요. 대략 이렇습니다. 사람들 말에 '군주 노릇 하기도 어렵고 신하 노릇 하기도 쉽지 않다'고 합니다. 군주 노릇 하기 어려움을 제대로 안다면, 대략 한마디 말로 나라를 흥하게 하는 경우가 아닐까요?" [정공이 물었다.] "말 한마디로 나라를 망하게 할 수 있다던데, 실제로 그런 경우가 있습니까?" 공자가 대답하였다. "말이 그와 같을 수는 없겠지요. 대략 이렇습니다. 사람들 말에 '나는 군주가 되니 [다른] 즐거움이 없네. 말만 해도, 나를 어기는 사람이 아무도 없네'라고 합니다. 만일 [군주의] 말이 선하여 아무도 어기지 않는다면 참으로 좋지 않겠습니까? 하는 말이 좋지도 않은데 아무도 어기지 못하면, 대략 한마디 말로 나라를 망하게 하는 경우가 아닐까요?"

定公問, 一言而可以興邦, 有諸. 孔子對曰, 言不可以若是, 其幾也. 人之言曰, 爲君難, 爲臣不易. 如知爲君之難也, 不幾乎一言而興邦乎. 曰, 一言而喪邦, 有諸. 孔子對曰, 言不可以若是, 其幾也. 人之言曰, 予無樂乎爲君, 唯其言而莫予違也. 如其善而莫之違也, 不亦善乎. 如不善而莫之違也, 不幾乎一言而喪邦乎.[81]

13.16

섭공(초나라 대부)이 정치에 대해 물었다. 선생님께서 말씀하셨다. "가까이 있는 사람들은 기뻐하고, 먼 데 있는 사람들은 찾아오는 것입니다."

葉公問政. 子曰, 近者說, 遠者來.

13.17

자하가 거보* 땅의 읍재가 되어 정치에 대해 여쭈었다. 선생님께서 말씀하셨다. "빨리 이루려 들지 말고 작은 이익에 눈을 두지 마라. 빨리 이루려고 하면 제대로 이룰 수 없고, 작은 이익에 눈을 두면 큰 일을 이룰 수 없다."

子夏爲莒父宰, 問政. 子曰, 無欲速, 無見小利. 欲速則不達, 見小利則大事不成.

13.18

섭공(초나라 대부)이 공자에게 말하였다. "우리 쪽에는 자신을 바르게 하는 사람이 있습니다. 아버지가 양을 훔치게 되면, 아들은 그렇다고 증언합니다." 공자가 말하였다. "우리 편의 곧은 사람은 이와 다릅니다. 아버지는 자식을 위해 숨겨주고, 자식은 아버지를 위해 숨겨줍니다. 곧음은 그 가운데 있

---

* 거보(莒父): 노나라 서쪽의 작은 고을 이름.

습니다."

葉公語孔子曰, 吾黨有直躬者, 其父攘羊, 而子證之. 孔子曰, 吾黨之直者異於是, 父爲子隱, 子爲父隱. 直在其中矣.

13.19

번지가 인仁에 대해 여쭈었다. 선생님께서 말씀하셨다. "집에 있을 때 공손하고, 일을 처리할 때 경건하고, 남과 함께할 때 충성으로 하라. 비록 오랑캐 땅에 가더라도 [이러한 태도를] 버리면 안 된다."

樊遲問仁. 子曰, 居處恭, 執事敬, 與人忠. 雖之夷狄, 不可棄也.

13.20

자공이 여쭈었다. "어떻게 하면 사士라고 할 만합니까?" 선생님께서 말씀하셨다. "자신의 행동에 부끄러워할 줄 알고, 사방으로 사신 가서 군주가 명한 바를 욕되게 하지 않으면, 사士라고 할 수 있다." 자공이 말하였다. "감히 그다음을 여쭙니다." 말씀하셨다. "일가친척이 효성스럽다고 칭찬하고, 지역 사람들이 윗사람을 공경한다고 칭찬하는 것이다." 자공이 말하였다. "감히 그다음을 여쭙니다." 선생님께서 말씀하셨다. "말은 꼭 미더워야 하고, 행동은 꼭 과단성 있어야 한다는 것은 협량한 소인이지만, 그래도 또한 그다음이 될 만하다." 자공이 말하였다. "요즘 정사에 종사하는 사람들은 어떻습니까?" 선생님께서 말씀하셨다. "아! 그 식충이들이야 어찌 따질 것이 있겠는가?"

子貢問曰, 何如斯可謂之士矣. 子曰, 行己有恥, 使於四方, 不辱君命, 可謂士矣. 曰, 敢問其次. 曰, 宗族稱孝焉, 鄉黨稱弟焉. 曰, 敢問其次. 曰, 言必信, 行必果, 硜硜然小人哉, 抑亦可以爲次矣. 曰, 今之從政者何如. 子曰, 噫, 斗筲之人, 何足算也.[82]

13.21

선생님께서 말씀하셨다. "중도를 가는 사람을 얻어 함께할 수 없다면, 반드시 의욕이 넘치는 사람이나 소신을 지키는 자와 함께하겠노라! 의욕이 넘치는 사람은 진취적이고, 소신을 지키는 사람은 하지 않는 바가 있다."

子曰, 不得中行而與之, 必也狂狷乎. 狂者進取, 狷者有所不爲也.

13.22

선생님께서 말씀하셨다. "남방 사람들의 말에 '사람이 한결같지 않으면, 무당이나 의사도 될 수 없다'고 하였는데, 좋은 말이구나! 그 덕德을 한결같게 하지 않으면, 수치가 따른다." 선생님께서 말씀하셨다. "점칠 필요도 없다."

子曰, 南人有言曰, 人而無恒, 不可以作巫醫, 善夫. 不恒其德,或承之羞.* 子曰, 不占而已矣.

13.23

선생님께서 말씀하셨다. "군자는 조화를 도모하되 부화뇌동하지 않고, 소인은 부화뇌동하되 조화를 이루지 못한다."

子曰, 君子和而不同, 小人同而不和.

13.24

자공이 여쭈었다. "지역 사람들이 모두 그를 좋아하면 어떻습니까?" 선생님께서 말씀하셨다. "아직 안 된다." "지역 사람들이 모두 그를 미워하면 어떻습니까?" 선생님께서 말씀하셨다. "아직 안 된다. 지역의 좋은 사람이 그를 좋아하고 지역의 나쁜 사람이 그를 미워하는 것만 못하다."

子貢問曰, 鄕人皆好之, 何如. 子曰, 未可也. 鄕人皆惡之, 何如. 子曰, 未可也, 不如鄕人之善者好之, 其不善者惡之.

13.25

선생님께서 말씀하셨다. "군자는 섬기기는 쉬워도 기쁘게 하기는 어렵다. 도道로써 기쁘게 하지 않으면 기뻐하지 않는다. [군자는] 사람을 부릴 때도 그 사람의 그릇에 맞게 부린다. 소

---

* 不恒其德, 或承之羞: 『주역』 「항괘(恒卦) 구삼(九三)」의 '효사爻辭'에 나온다.

인은 섬기기는 어려워도 기쁘게 하기는 쉽다. 도道로써 기쁘게 하지 않더라도 기뻐한다. [소인은] 사람을 부릴 때도 그 사람이 모든 것을 갖추기를 요구한다."

子曰, 君子易事而難說也. 說之不以道, 不說也. 及其使人也, 器之. 小人難事而易說也. 說之雖不以道, 說也. 及其使人也, 求備焉.

13.26

선생님께서 말씀하셨다. "군자는 태연하되 교만하지 않고, 소인은 교만하되 당당하지 않다."

子曰, 君子泰而不驕, 小人驕而不泰.

13.27

선생님께서 말씀하셨다. "강직함, 의연함, 질박함, 어눌함은 인仁에 가깝다."

子曰, 剛, 毅, 木, 訥, 近仁.

13.28

자로가 여쭈었다. "어떻게 하면 사士라고 할 만합니까?" 선생님께서 말씀하셨다. "간절히 선을 권면하고, 어울려 즐거워하면 사士라고 할 만하다. 붕우 간에 간절히 선을 권면하고,

형제간에 어울려 즐거워한다."

子路問曰, 何如斯可謂之士矣. 子曰, 切切偲偲, 怡怡如也, 可謂士矣. 朋友切切偲偲, 兄弟怡怡.

13.29

선생님께서 말씀하셨다. "좋은 사람이 피치자들을 7년 동안 가르치면 정녕 [그들을] 전쟁터에 내보낼 수 있다."

子曰, 善人敎民七年, 亦可以卽戎矣.

13.30

선생님께서 말씀하셨다. "가르치지 않은 피치자를 데리고 전쟁을 하면, 그것은 곧 피치자를 내다 버리는 일이다."

子曰, 以不敎民戰, 是謂棄之.

14

헌문

憲問

14.1

헌憲*이 부끄러움에 대해 물었다. 선생님께서 말씀하셨다. "나라에 도道가 있을 때 녹만 받아먹는 것과 나라에 도道가 없을 때도 녹을 받아먹는 것이 부끄러운 일이다." "이기려 하고, 자랑하고, 원망하고, 욕심 부리는 일을 하지 않으면 인仁을 실천한다고 할 수 있습니까?" 선생님께서 말씀하셨다. "어려운 일이라고 할 수 있겠지만 인仁인지는 모르겠다."

憲問恥. 子曰, 邦有道, 穀, 邦無道, 穀, 恥也. 克伐怨欲, 不行焉, 可以爲仁矣. 子曰, 可以爲難矣, 仁則吾不知也.

14.2

선생님께서 말씀하셨다. "사士가 안식처를 마음속에 품고 있다면, 사士라고 하기에는 부족하다."

子曰, 士而懷居, 不足以爲士矣.

14.3

선생님께서 말씀하셨다. "나라에 도道가 있으면, 말과 행동을 딱 부러지게 하고, 나라에 도道가 없으면, 행동은 딱 부러지게 하되 말은 겸손하게 하라."

子曰, 邦有道, 危言危行, 邦無道, 危行言孫.

---

* 헌(憲): 공자의 제자인 원헌(原憲)이다. 흔히 원사(原思)라고 부른다.

14.4

선생님께서 말씀하셨다. "덕德 있는 사람은 반드시 말할 거리가 있지만, 말할 거리가 있는 사람이라고 해서 반드시 덕德이 있는 것은 아니다. 인仁한 사람은 반드시 용기가 있지만, 용기가 있는 사람이라고 해서 반드시 인仁한 것은 아니다."

子曰, 有德者必有言, 有言者不必有德. 仁者必有勇, 勇者不必有仁.

14.5

남궁괄(남용)이 공자에게 물었다. "예羿*는 활을 잘 쏘았고, 오奡**는 힘이 세서 육지에서 배를 끌고 다녔지만 둘 다 합당한 죽음을 얻지 못하였습니다. 우禹임금과 직稷***은 몸소 농사를 지었는데도 천하를 얻었습니다." 선생님께서 대답하지 않으셨다. 남궁괄이 나가자 선생님께서 말씀하셨다. "군자로구나, 이와 같은 사람은! 덕을 숭상하는구나, 이와 같은 사람은!"

南宮适問於孔子曰, 羿善射, 奡盪舟, 俱不得其死然. 禹稷躬稼

---

*   예(羿): 하(夏)나라 때 유궁(有窮) 땅을 다스렸으나, 신하인 한착(寒浞)에게 죽임을 당했다고 전한다.
** 오(奡): 한착의 아들로, 포악한 짓을 하다가 하나라의 임금인 소강(少康)에게 죽임을 당했다.
*** 우(禹)임금과 직(稷): 우임금은 하나라의 첫 번째 임금으로, 치수(治水)를 잘한 것으로 유명하다. 직은 주나라의 시조로, 농사짓는 법을 알려주었다고 전한다. 후직(后稷)이라고도 부른다.

而有天下. 夫子不答. 南宮适出, 子曰, 君子哉, 若人, 尙德哉, 若人.[83]

14.6

선생님께서 말씀하셨다. "군자이면서 인仁하지 않은 사람은 있어도, 소인이면서 인仁한 사람은 아직 없었다."

子曰, 君子而不仁者有矣夫, 未有小人而仁者也.[84]

14.7

선생님께서 말씀하셨다. "아끼면서, [상대를] 수고롭게 하지 않을 수 있겠는가? 충심을 다하면서 [상대를] 깨우쳐주지 않을 수 있겠는가?"

子曰, 愛之, 能勿勞乎. 忠焉, 能勿誨乎.

14.8

선생님께서 말씀하셨다. "[정나라에서] 외교문서를 작성할 때, 비침*이 초안을 만들고, 세숙*이 치열하게 따지고, 사신 업무를 담당하는 자우*가 첨삭하고, 동리에 사는 자산*이 윤색하였다."

子曰, 爲命, 裨諶草創之, 世叔討論之, 行人子羽修飾之, 東里子産潤色之.

* 비침(裨諶), 세숙(世叔), 자우(子羽), 자산(子産): 정나라의 대부들.

14.9

누군가 자산(정나라 대부)에 대해 여쭈었다. 선생님께서 말씀하셨다. "베풀 줄 아는 사람이다." 자서(정나라 대부)에 대해 여쭈었다. 선생님께서 말씀하셨다. "그 사람! 그 사람!" 관중(제나라 대부)에 대해 여쭈었다. 말씀하셨다. "이 사람은 백씨(제나라 대부)에게서 많은 읍을 병합하여 빼앗아, 백씨는 거친 밥을 먹게 되었으나 죽을 때까지 원망하는 말이 없었다."

或問子産. 子曰, 惠人也. 問子西. 曰, 彼哉, 彼哉. 問管仲. 曰, 人也. 奪伯氏騈邑三百, 飯疏食, 沒齒無怨言.[85]

14.10

선생님께서 말씀하셨다. "가난하면서 원망이 없기는 어렵고, 부유하면서 교만함이 없기는 쉽다."

子曰, 貧而無怨難, 富而無驕易.

14.11

선생님께서 말씀하셨다. "맹공작(노나라 대부)은 조씨나 위씨* 집안의 가신 우두머리가 되기에는 충분하나, 등滕나라나 설薛나라**의 대부가 될 수는 없다."

---

* 조씨(趙氏), 위씨(魏氏): 진(晉)나라의 세도가 집안들.
** 등(滕)나라, 설(薛)나라: 노나라 부근에 있던 작은 제후국들.

子曰, 孟公綽爲趙魏老則優, 不可以爲滕薛大夫.

14.12

자로가 완성된 인간에 대해 여쭈었다. 선생님께서 말씀하셨다. "장무중(노나라 대부)의 앎, 공작(맹공작, 노나라 대부)의 욕심 없음, 변장자(노나라 대부)의 용기, 염구(염유)의 재주를 갖춘 뒤에, 예악으로 세련된 표현을 더한다면, 과연 완성된 인간이라고 할 수 있다." [이어서] 말씀하셨다. "요즘의 완성된 인간이야 어찌 꼭 그러기야 하겠는가? 이익을 마주할 때 올바름을 생각하고, 위기에 닥쳤을 때 목숨을 던질 수 있고, 오래전 약속이라 해도 전에 했던 말을 잊지 않으면 과연 완성된 인간이라고 할 수 있다."

子路問成人. 子曰, 若臧武仲之知, 公綽之不欲, 卞莊子之勇, 冉求之藝, 文之以禮樂, 亦可以爲成人矣. 曰, 今之成人者, 何必然. 見利思義, 見危授命, 久要不忘平生之言, 亦可以爲成人矣.[86]

14.13

선생님께서 공명가(위나라 신하)에게 공숙문자(위나라 대부)에 대해 물으셨다. "정말인가요? 그분은 말씀도 하지 않고 웃지도 않고 취하지도 않습니까?" 공명가가 대답하였다. "그렇게 말한 사람이 지나쳤습니다. 그분은 때가 적절한 경우에야 말씀하시므로 사람들이 그의 말을 싫어하지 않고, 즐거운 경우에야 웃으시므로 사람들이 그의 웃음을 싫어하지 않고, 옳은 경우에야 취하시므로 사람들이 그가 취하는 것을 싫어하지 않습니다." 선생님께서 말씀하셨다. "그가 그렇습니까? 어찌 정말로 그럴 수 있습니까?"

子問公叔文子於公明賈曰, 信乎, 夫子不言, 不笑, 不取乎. 公明賈對曰, 以告者過也. 夫子時然後言, 人不厭其言, 樂然後笑, 人不厭其笑, 義然後取, 人不厭其取. 子曰, 其然. 豈其然乎.

14.14

선생님께서 말씀하셨다. "장무중(노나라 대부)은 방읍防邑을 가지고 노나라에 자신의 후계를 세워달라고 요구하였다. 비록 군주에게 강요한 것이 아니라고 말하지만, 나는 믿지 않는다."

子曰, 臧武仲以防求爲後於魯, 雖曰不要君, 吾不信也.

14.15

선생님께서 말씀하셨다. "진나라 문공*은 속이고 바르지 않았으며, 제나라 환공**은 바르고 속이지 않았다."

---

*   진(晉)나라 문공(文公): 춘추시대에 강성했던 이른바 춘추오패(春秋五覇) 중 한 사람.
**   제(齊)나라 환공(桓公): 관중을 발탁하여 제나라를 강성한 나라로 만들었으며, 춘

子曰, 晉文公譎而不正, 齊桓公正而不譎.

14.16

자로가 말하였다. "환공이 공자 규糾*를 죽였을 때, 소홀은 [따라] 죽었는데 관중은 죽지 않았으니, 채 인仁하지 못하다고 해야겠지요?" 선생님께서 말씀하셨다. "환공은 제후를 규합하는 데 무력을 사용하지는 않았으니, 이것은 관중의 공이다. 그러니 그가 인仁하다, 그러니 그가 인仁하다!"

子路曰, 桓公殺公子糾, 召忽死之, 管仲不死, 曰未仁乎. 子曰, 桓公九合諸侯, 不以兵車, 管仲之力也. 如其仁, 如其仁.[87]

14.17

자공이 말하였다. "관중은 인仁한 사람이 아닌 것 같습니다! 환공이 공자 규糾를 죽였을 때, [따라] 죽지 못하고, 게다가 환공을 돕기까지 했습니다." 선생님께서 말씀하셨다. "관중이 환공을 도와 제후들을 제패하여, 천하를 한번 바로잡았다. [그리하여] 피치자들은 지금에 이르도록 그 은혜를 받고 있다. 관중이 없었다면, 우리는 하마터면 [오랑캐처럼] 머리를 풀어

추시대 최초의 패자(霸者)이다.
* 공자(公子) 규(糾): 제나라 환공의 이복형제이다. 제나라 양공(襄公)이 죽자, 환공과 권력 다툼을 벌였으나 패배하여 죽임을 당했다. 공자 규의 편이었던 제나라 대부 소홀(召忽)은 공자 규를 따라 죽은 반면, 관중은 환공에게 발탁되어 제나라를 다스렸다.

헤치고 옷섶을 왼쪽으로 여미고 있을 것이다. 어찌 필부匹夫·필부匹婦가 작은 신의를 위해 스스로 목매 죽은 뒤 [시신이] 도랑에 뒹굴어도 알아주는 사람이 아무도 없는 것과 같이 하겠는가?"

子貢曰, 管仲非仁者與. 桓公殺公子糾, 不能死, 又相之. 子曰, 管仲相桓公, 霸諸侯, 一匡天下, 民到于今受其賜. 微管仲, 吾其被髮左衽矣. 豈若匹夫匹婦之爲諒也, 自經於溝瀆, 而莫之知也.

14.18

공숙문자(위나라 대부)의 가신이었던 대부 선복이 공숙문자와 함께 조정에 나아갔다. 선생님께서 그에 대해 듣고서 말씀하셨다. "[시호를] 문文이라고 할 만하다."

公叔文子之臣大夫僕與文子同升諸公. 子聞之, 曰, 可以爲文矣.

14.19

선생님께서 위나라 영공(위나라 군주)의 무도함을 말씀하시자, 강자(계강자, 노나라 대부)가 말하였다. "그와 같은데도 어찌 [나라를] 잃지 않습니까?" 선생님께서 말씀하셨다. "중숙어(공문자, 위나라 대부)가 빈객의 일을 맡아 다스리고, 축관인 타鮀(위나라 대부)가 종묘의 일을 다스리며, 왕손가(위나라 대부)가 군대 일을 다스립니다. 그와 같으니 어찌 [나라를] 잃겠습니까?"

子言衛靈公之無道也, 康子曰, 夫如是, 奚而不喪. 孔子曰, 仲叔圉治賓客, 祝鮀治宗廟, 王孫賈治軍旅. 夫如是, 奚其喪.

14.20

선생님께서 말씀하셨다. "그 말하는 것을 부끄러워하지 않으면 그 말을 실천하기 어렵다."

子曰, 其言之不怍, 則爲之也難.

14.21

진성자(제나라 대부)가 간공(제나라 군주)을 시해하였다. 공자는 목욕하고 조정에 나아가 애공(노나라 군주)에게 고하였다. "진항(진성자)이 자신의 군주를 시해하였으니 그를 토벌하소서." 애공이 말하였다. "저 세 사람*에게 고하시오." 공자가 말하였다. "내가 대부의 뒤를 따랐기에** 감히 고하지 않을 수 없었다. 그런데 군주께서는 저 세 사람에게 고하라고 하시는구나." 세 사람에게 가서 고하였더니, 그들이 안 된다고 하였다. 공자가 말하였다. "내가 대부의 뒤를 따랐기에 감히 고하지 않을 수 없었다."

陳成子弒簡公. 孔子沐浴而朝, 告於哀公曰, 陳恒弒其君, 請討

---

*　세 사람(三子): 당시 노나라 실권자인 맹손씨, 숙손씨, 계손씨. 이들 세력이 애공을 압도할 정도였다고 한다.
**　공자가 대부의 지위에 있었음을 뜻한다.

之. 公曰, 告夫三子. 孔子曰, 以吾從大夫之後, 不敢不告也. 君曰告夫三子者. 之三子告, 不可. 孔子曰, 以吾從大夫之後, 不敢不告也.

14.22

자로가 군주를 섬기는 것에 대해 여쭈었다. 선생님께서 말씀하셨다. "속이지 말고, 얼굴을 마주하고 간언해야 한다."

子路問事君. 子曰, 勿欺也, 而犯之.

14.23

선생님께서 말씀하셨다. "군자는 위를 향해 가고, 소인은 아래를 향해 간다."

子曰, 君子上達, 小人下達.

14.24

선생님께서 말씀하셨다. "옛날의 배우는 사람들은 자기 자신의 향상을 위해서 하였으나, 요즘의 배우는 사람들은 남에게 보이기 위해서 한다."

子曰, 古之學者爲己, 今之學者爲人.

14.25

거백옥(위나라 대부)이 선생님께 사람을 보냈다. 선생님께서 그 사람과 마주 앉아 물었다. "대부(거백옥)께서는 무엇을 하시는가?" [그가] 대답하기를, "대부께서는 자신의 허물을 줄이고자 하는데 아직 잘 안 되고 있습니다." 심부름 온 사람이 갔다. 선생님께서 말씀하셨다. "심부름하는 사람답구나! 심부름하는 사람답구나!"

蘧伯玉使人於孔子. 孔子與之坐而問焉, 曰, 夫子何爲. 對曰, 夫子欲寡其過而未能也. 使者出. 子曰, 使乎, 使乎.

14.26

선생님께서 말씀하셨다. "그 자리에 있지 않으면, 그 정사를 도모하지 않는다." 증자가 말하였다. "군자는 생각이 자신의 자리를 벗어나지 않는다."

子曰, 不在其位, 不謀其政.* 曾子曰, 君子思不出其位.**

14.27

선생님께서 말씀하셨다. "군자는 말은 모자란 듯하게 하고 행동은 남음이 있게 한다."

子曰, 君子恥其言而過其行.

---

*   不在其位, 不謀其政: 「태백」 14장에 같은 구절이 나온다.
** 君子思不出其位: 『주역』 「간괘(艮卦)」 '상사(象辭)'에 나오는 구절이다.

14.28

선생님께서 말씀하셨다. "군자가 도로 삼는 것이 세 가지가 있는데, 나는 해내지 못하고 있다. 인仁한 사람은 걱정하지 않고, 지혜로운 사람은 미혹되지 않고, 용기 있는 사람은 두려워하지 않는다." 자공이 말하였다. "선생님께서 스스로 [겸손하게] 하신 말씀입니다."

子曰, 君子道者三, 我無能焉, 仁者不憂, 知者不惑, 勇者不懼. 子貢曰, 夫子自道也.

14.29

자공이 사람들을 비교하였다. 선생님께서 말씀하셨다. "사賜(자공)는 현능한가 보구나! 나는 그럴 여가가 없더구나."

子貢方人. 子曰, 賜也賢乎哉. 夫我則不暇.

14.30

선생님께서 말씀하셨다. "남이 나를 알아주지 않는 것을 걱정하지 말고, 자신의 능하지 못함을 걱정하라."

子曰, 不患人之不己知, 患其不能也.

14.31

선생님께서 말씀하셨다. "[남이 나를] 속일까 미리 짐작하지 말고, [남이 나를] 믿지 않을까 억측하지 마라. 그러나 과연 먼저 알아차리는 사람이 현능하다!"

子曰, 不逆詐, 不億不信, 抑亦先覺者, 是賢乎.

14.32

미생무*가 공자를 평가해서 말하였다. "구丘(공자의 이름)는 어째서 안달복달하는가? 말재주로 어떻게 해보려는 게 아닌가?" 공자가 말하였다. "감히 말재주로 어떻게 해보려는 게 아니라 고집스러운 것을 미워하는 것뿐이오."

微生畝謂孔子曰, 丘何爲是栖栖者與. 無乃爲佞乎. 孔子曰, 非敢爲佞也, 疾固也.

14.33

선생님께서 말씀하셨다. "천리마는 그 힘을 칭찬하는 것이 아니라, 그 덕德을 칭찬하는 것이다."

子曰, 驥不稱其力, 稱其德也.

14.34

혹자가 말하였다. "덕德으로써 원한을 갚으면, 어떻습니까?"

---

* 미생무(微生畝): 성은 미생(微生), 이름이 무(畝)이다. 공자의 이름을 부르는 것으로 보아 공자보다 나이가 많은 인물인 듯하다.

선생님께서 말씀하셨다. "그럼 덕德은 무엇으로 갚으려느냐? 곧음으로써 원한을 갚고, 덕德으로써 덕德을 갚아라."

或曰, 以德報怨, 何如. 子曰, 何以報德. 以直報怨, 以德報德.*

14.35

선생님께서 말씀하셨다. "나를 알아주는 사람이 아무도 없구나!" 자공이 말하였다. "어째서 선생님을 알아주는 사람이 아무도 없겠습니까?" 선생님께서 말씀하셨다. "하늘을 원망하지 않고, 남을 탓하지 않고, 범속한 공부에서 출발하여 고매한 곳에 이르니, 나를 알아줄 이는 아마 하늘이런가!"

子曰, 莫我知也夫. 子貢曰, 何爲其莫知子也. 子曰, 不怨天, 不尤人, 下學而上達. 知我者, 其天乎.

14.36

공백료**가 계손씨(노나라 대부)에게 자로를 헐뜯자, 자복경백(노나라 대부)이 [공자에게] 고하였다. "대부(계손씨)께서는 단연코 공백료에게 미혹되어버렸지만, 제 힘이면 공백료를 죽여 시체를 사람이 많이 모이는 곳에 널어놓을 수 있습니다." 선생님께서 말씀하셨다. "도道가 장차 행해지는 것도 운명이요,

---

*   報怨以德: 『노자』 63장에 나오는 구절이다.
** 공백료(公伯寮): 성은 공백(公伯), 이름이 료(寮)이다. 공자 제자, 노나라 사람.

도道가 장차 버려지는 것도 운명이다. 공백료가 운명을 감히 어찌하겠는가?"

公伯寮愬子路於季孫. 子服景伯以告, 曰, 夫子固有惑志於公伯寮, 吾力猶能肆諸市朝. 子曰, 道之將行也與, 命也, 道之將廢也與, 命也. 公伯寮其如命何.

14.37

선생님께서 말씀하셨다. "현능한 사람은 세상을 피한다. 그 다음은 장소를 피한다. 그 다음은 안색을 [보고] 피한다. 그 다음은 말을 [듣고] 피한다." 선생님께서 말씀하셨다. "그렇게 실행한 사람이 일곱*이었다."

子曰, 賢者辟世, 其次辟地, 其次辟色, 其次辟言. 子曰, 作者七人矣.

14.38

자로가 석문**에서 묵었다. 문지기가 물었다. "어디에서 왔습니까?" 자로가 말하였다. "공 선생님 문하에서 왔소." 문지

---

* 일곱 사람(七人): 주석가 포함은 이 '일곱 사람'을 장저(長沮), 걸닉(桀溺), 장인(丈人), 석문(石門), 하궤(荷蕢), 의봉인(儀封人), 초광접여(楚狂接輿)라고 보았고, 왕필(王弼)은 백이(伯夷), 숙제(叔齊), 우중(虞仲), 이일(夷逸), 주장(朱張), 유하혜(柳下惠), 소련(少連)이라고 보았다. 이들이 『논어』에서 언급되기에 그렇게 본 것이지만, 그 이상의 근거는 없다.
** 석문(石門): 노나라 성 밖에 있는 문 이름.

기가 말하였다. "그것이 안 되는 줄 알면서도 하는 사람 말입니까?"

子路宿於石門. 晨門曰, 奚自. 子路曰, 自孔氏. 曰, 是知其不可而爲之者與.

14.39

선생님께서 위나라에서 경쇠를 치고 있을 때, 삼태기를 메고 선생님의 거처 문 앞을 지나가던 사람이 말하였다. "[맺힌] 마음이 있구나, 경쇠 소리가!" 조금 있다가 또 말하였다. "비루하구나! 그 딱딱 치는 소리가! 자기를 알아주는 사람이 아무도 없으면 곧 그만둘 일이지! '물이 깊으면 옷을 입은 채 건너고 물이 얕으면 옷을 걷고 건너라'고 했지." 선생님께서 말씀하셨다. "과감하구나. 어렵게 여길 것이 없겠다."

子擊磬於衛, 有荷蕢而過孔氏之門者, 曰, 有心哉, 擊磬乎. 旣而曰, 鄙哉, 硜硜乎. 莫己知也, 斯已而已矣. 深則厲, 淺則揭.* 子曰, 果哉. 末之難矣.[88]

14.40

자장이 말하였다. "『서書』(후대의 『서경』)에서 '고종**께서는 상

---

* 深則厲, 淺則揭: 『시경』 「위풍(衛風)」에 나오는 구절이다.
** 고종(高宗): 은나라 군주인 무정(武丁)을 가리킨다.

을 당하여 3년간 말을 하지 않았다'고 하였는데, 무슨 뜻입니까?" 선생님께서 말씀하셨다. "하필 고종뿐이겠는가? 옛사람들은 다 그러하였다. 군주가 돌아가시면, [새로 등극한 군주는 정사에 대해 묻지 않고] 백관이 제 직무를 다하여 총재(행정 책임자)에게 3년간 [명령을] 들었다."

子張曰, 書云, 高宗諒陰, 三年不言.* 何謂也. 子曰, 何必高宗. 古之人皆然. 君薨, 百官總己以聽於冢宰三年.

14.41

선생님께서 말씀하셨다. "윗사람이 예禮를 좋아하면, 피치자를 부리기 쉽다."

子曰, 上好禮, 則民易使也.

14.42

자로가 군자에 대해 여쭈었다. 선생님께서 말씀하셨다. "자신을 닦아 공경하여라." 자로가 다시 말하였다. "그렇게만 하면 됩니까?" 선생님께서 말씀하셨다. "자신을 닦아 남을 편안케 하여라." 자로가 다시 말하였다. "그렇게만 하면 됩니까?" 선생님께서 말씀하셨다. "자신을 닦아 백성**을 편안케

---

* 高宗諒陰, 三年不言: 『서경』 「무일(無逸)」에 나오는 구절이다.
** 백성(百姓): 여기서 '백성'은 피치자 전체를 지칭한다기보다는 비교적 상층부를 가리킨다. 백성이라는 표현은 후대로 가면서 피치자 일반을 지칭하게 되었다.

하여라. 자신을 닦아 백성을 편안케 하는 것은 요堯임금과 순舜임금도 오히려 그 정도에는 정녕 못 미친다고 생각하셨다!"

子路問君子. 子曰, 修己以敬. 曰, 如斯而已乎. 曰, 修己以安人. 曰, 如斯而已乎. 曰, 修己以安百姓. 修己以安百姓, 堯舜其猶病諸.

14.43

원양(공자의 옛 친구)이 다리를 벌리고 앉은 채로 기다리고 있었다. 선생님께서 말씀하셨다. "어려서는 공손하지도 않더니, 커서는 칭찬해줄 거리도 없고, 늙어서는 죽지도 않으니, 해만 끼치는 놈이로다." 그러고서 지팡이로 정강이를 쳤다.

原壤夷俟. 子曰, 幼而不孫弟, 長而無述焉, 老而不死, 是爲賊. 以杖叩其脛.

14.44

궐당*의 동자가 [주인과 손님 간의] 말을 전달하였다. 누군가 물었다. "배워서 향상되고자 하는 아이입니까?" 선생님께서 말씀하셨다. "나는 저 아이가 어른들 자리에 앉는 것을 보았고, 저 아이가 어른들과 나란히 걷는 것을 보았소. 배워서 더 향

---

* 궐당(闕黨): 노나라의 지역 이름.

상되고자 하는 아이가 아니라 빨리 결과를 얻고 싶어 하는 아이요."

闕黨童子將命. 或問之曰, 益者與. 子曰, 吾見其居於位也, 見其與先生並行也. 非求益者也, 欲速成者也.

15 위령공

衛靈公

15.1

위나라 영공이 공자에게 진법陳法에 관하여 묻자, 공자가 말하였다. "제사에 관한 일이라면 들어본 적이 있으나 군사에 관한 일은 아직 배우지 못하였습니다." [그리고는] 이튿날 기어이 떠났다.

衛靈公問陳於孔子. 孔子對曰, 俎豆之事, 則嘗聞之矣, 軍旅之事, 未之學也. 明日遂行.

15.2*

진나라에 이르러 식량이 떨어져, 따르던 사람들이 병이 들어 일어날 수가 없었다.** 자로가 열받아 [공자를] 뵙고 말하였다. "군자도 곤궁함이 있습니까?" 선생님께서 말씀하셨다. "군자는 궁함을 견뎌낸다. 소인은 궁하면 막 나간다."

在陳絶糧, 從者病, 莫能興. 子路慍見曰, 君子亦有窮乎. 子曰, 君子固窮, 小人窮斯濫矣.

15.3

선생님께서 말씀하셨다. "사賜(자공)야, 너는 내가 많이 배워서 기억하고 있는 사람이라고 생각하느냐?" [자공이] 대답하

---

* 주희는 15.1과 15.2를 하나의 장으로 보았다.
** 당시 진나라는 오나라의 공격을 받아 위기에 처해 있었다.

였다. "그렇습니다. 아닙니까?" 말씀하셨다. "아니다. 나는 하나로 꿰뚫는다."

子曰, 賜也, 女以予爲多學而識之者與. 對曰, 然, 非與. 曰, 非也, 予一以貫之.*

15.4

선생님께서 말씀하셨다. "유由(자로)야, 덕德을 아는 사람이 드물구나."

子曰, 由, 知德者鮮矣.

15.5

선생님께서 말씀하셨다. "굳이 무엇을 하지 않고도 다스린 사람은 아마 순임금일 것이다. 무엇을 하였는가? 자신을 공손히 하고, 바르게 남쪽을 향해** 있었을 뿐이다."

子曰, 無爲而治者, 其舜也與. 夫何爲哉. 恭己正南面而已矣.

15.6

자장이 세상에서 제대로 뜻을 펴는 일에 대해 여쭈었다. 선

---

*   一以貫之: 「이인」 15장에도 나오는 구절이다.
** 남면(南面): 군주는 남쪽을 향하고, 신하는 북쪽을 향하는 것이 예(禮)이다.

선생님께서 말씀하셨다. "말이 충성스럽고 미더우며, 행동이 독실하고 경건하면, 비록 오랑캐의 나라에서도 뜻을 제대로 펼 수 있을 것이다. 말이 충성스럽고 미덥지 않으며, 행동이 독실하고 경건하지 않으면, 비록 행정이 집행되는 영역에 있더라도 행해지겠느냐? 서 있을 때도 그러한 덕목들이 눈앞에 정연하게 드러나고, 수레에 타고 있을 때도 그러한 덕목들이 눈앞에 연결된 것처럼 드러나야 한다. 그러한 이후에야 세상에 제대로 뜻을 펼 수 있을 것이다." 자장이 이 말씀을 띠에 적어놓았다.

子張問行. 子曰, 言忠信, 行篤敬, 雖蠻貊之邦行矣. 言不忠信, 行不篤敬, 雖州里行乎哉. 立則見其參於前也, 在輿則見其倚於衡也, 夫然後行. 子張書諸紳.

15.7

선생님께서 말씀하셨다. "곧구나, 사어*여! 나라에 도道가 있을 때도 화살처럼 곧고, 나라에 도道가 없을 때도 화살처럼 곧았다. 군자로구나, 거백옥(위나라 대부)이여! 나라에 도道가 있으면 벼슬하고, 나라에 도道가 없으면 [자신의 포부를] 거두어 감추었다."

* 사어(史魚): 위나라 대부인 사추(史鰌). 그의 행적은 『공자가어(孔子家語)』「곤서(困誓)」에 자세히 나와 있다.

子曰, 直哉, 史魚. 邦有道, 如矢,* 邦無道, 如矢. 君子哉, 蘧伯玉. 邦有道, 則仕, 邦無道, 則可卷而懷之.

15.8

선생님께서 말씀하셨다. "더불어 말할 만한데도 더불어 말하지 않으면 사람을 잃고, 더불어 말할 만하지 않은데도 더불어 말하면, 말을 잃는다. 지혜로운 사람은 사람도 잃지 않고 말도 잃지 않는다."

子曰, 可與言而不與之言, 失人, 不可與言而與之言, 失言. 知者不失人, 亦不失言.

15.9

선생님께서 말씀하셨다. "지사와 인仁한 사람은 살겠다는 마음이 앞서 인仁을 해치는 경우는 없되, 자신을 죽여 인仁을 이루는 경우는 있다."

子曰, 志士仁人, 無求生以害仁, 有殺身以成仁.

15.10

자공이 인仁을 실천하는 것에 대해 여쭈었다. 선생님께서 말씀하셨다. "장인은 맡은 일을 잘하고자 하면, 반드시 먼저 연

---

* 如矢: 『시경』「소아」'대동(大東)'에 나오는 구절이다.

장을 잘 벼려둔다. 이 나라에 머무르면서 대부와 사士 중에서 현능하고 인仁한 사람들을 섬기고 벗하라."

子貢問爲仁. 子曰, 工欲善其事, 必先利其器. 居是邦也, 事其大夫之賢者, 友其士之仁者.

15.11

안연이 나라 다스리는 일에 대해 여쭈었다. 선생님께서 말씀하셨다. "하나라 때의 역법을 시행하고, 은나라 때의 나무 수레를 타고, 주나라의 면류관을 쓰고, 순임금 시대 이래로 전해오는 음악을 써라. 그리고 정나라 음악*을 내치고, 아첨하는 말을 하는 사람을 멀리하라. 정나라 음악은 음란하며, 아첨하는 사람은 위험하다."

顔淵問爲邦. 子曰, 行夏之時, 乘殷之輅, 服周之冕, 樂則韶舞. 放鄭聲, 遠佞人. 鄭聲淫, 佞人殆.

15.12

선생님께서 말씀하셨다. "사람에게 멀리까지 걱정하는 마음이 없으면, 반드시 가까이에 근심이 있기 마련이다."

子曰, 人無遠慮, 必有近憂.

---

* 정나라 음악(鄭聲): 정나라의 지역 음악 혹은 『시경』 「국풍」에 나오는 정풍을 지칭하는 것으로 보인다. 정풍에는 남녀 간의 애정을 노래한 내용이 많다.

15.13

선생님께서 말씀하셨다. "끝났구나! 나는 덕德 있는 사람 좋아하는 것을 예쁜 사람 좋아하는 것처럼 하는 사람을 아직 보지 못하였다."

子曰, 已矣乎, 吾未見好德如好色者也.*

15.14

선생님께서 말씀하셨다. "장문중(노나라 대부)은 아마 지위를 훔친 자인가 보다. 유하혜**가 현능한 줄 알면서도 [그를 천거하여] 함께 조정에 서지 않았다."

子曰, 臧文仲其竊位者與. 知柳下惠之賢而不與立也.

15.15

선생님께서 말씀하셨다. "자신에게는 후하게, 남에게는 박하게 책망하면, 원망을 멀리힐 수 있다."

子曰, 躬自厚而薄責於人, 則遠怨矣.

---

* 「자한」 18장에 같은 구절이 나온다.
** 유하혜(柳下惠): 노나라 현인으로 알려진 인물로, 대부를 지냈다. 성은 전(展)이고, 이름은 획(獲)이며, 자는 금(禽)이다. 유하(柳下)는 식읍(食邑)의 이름이고, 혜(惠)는 시호다.

15.16

선생님께서 말씀하셨다. "'어찌할까, 어찌할까'라고 말하지 않는 사람에 대해 나도 어찌해야 할지 모르겠다."

子曰, 不曰, 如之何, 如之何者, 吾末如之何也已矣.

15.17

선생님께서 말씀하셨다. "여럿이 함께 하루 종일 시간을 보내면서, 논의가 올바름에 미치지 못하고 잔꾀 부리기나 좋아하면, 곤란하다!"

子曰, 羣居終日, 言不及義, 好行小慧, 難矣哉.

15.18

선생님께서 말씀하셨다. "군자는 올바름으로써 바탕을 삼고, 예禮로써 행하며, 공손함으로써 표출하고, 믿음직스러움으로써 완성한다. [이렇게 해야] 군자로다!"

子曰, 君子義以爲質, 禮以行之, 孫以出之, 信以成之, 君子哉.

15.19

선생님께서 말씀하셨다. "군자는 무능함을 근심하지, 남이 자기를 알아주지 않는 것을 근심하지 않는다."

子曰, 君子病無能焉, 不病人之不己知也.

15.20

선생님께서 말씀하셨다. "군자는 죽을 때까지 이름이 일컬어지지 않는 것을 근심한다."

子曰, 君子疾沒世而名不稱焉.

15.21

선생님께서 말씀하셨다. "군자는 자기에게서 찾지만, 소인은 남에게서 찾는다."

子曰, 君子求諸己, 小人求諸人.

15.22

선생님께서 말씀하셨다. "군자는 긍지를 갖되 다투지는 않으며, 무리를 이루되 편을 짓지는 않는다."

子曰, 君子矜而不爭, 羣而不黨.

15.23

선생님께서 말씀하셨다. "군자는 말만 가지고 사람을 등용하지 않고, 또 사람만 보고서 그의 말을 무시하지도 않는다."

子曰, 君子不以言擧人, 不以人廢言.

15.24

자공이 여쭈었다. "한마디 말인데도 평생토록 실천할 만한 것이 있습니까?" 선생님께서 말씀하셨다. "서恕이다! 자기가 원하지 않는 것은 남에게도 하지 않는 것이다."

子貢問曰, 有一言而可以終身行之者乎. 子曰, 其恕乎. 己所不欲, 勿施於人.

15.25

선생님께서 말씀하셨다. "내가 다른 사람에 대해, 누구를 헐뜯고 누구를 칭찬하랴. 만약 누군가를 칭찬하는 경우가 있다면, [내가] 시험한 바가 있어서일 것이다. 이 피치자들은 하나라, 은나라, 주나라에서 곧은 도道로써 통치한 바다."

子曰, 吾之於人也, 誰毀誰譽. 如有所譽者, 其有所試矣. 斯民也, 三代之所以直道而行也.

15.26

선생님께서 말씀하셨다. "문서 작성 관리가 [의심스러운 부분은] 기록하지 않고, 그리고 말 주인이 남에게 말을 빌려주어 길들이게 하는 일들을 본 적이 있다. 이제는 그러한 일들이 없구나."

子曰, 吾猶及史之闕文也, 有馬者借人乘之. 今亡矣夫.[89]

15.27

선생님께서 말씀하셨다. "말을 교묘하게 하는 것은 덕德을 어지럽히고, 작은 일을 참지 못하면 큰 일을 망친다."

子曰, 巧言亂德, 小不忍則亂大謀.

15.28

선생님께서 말씀하셨다. "많은 사람들이 어떤 것을 미워해도 반드시 잘 살펴라. 많은 사람들이 어떤 것을 좋아해도 반드시 잘 살펴라."

子曰, 衆惡之, 必察焉. 衆好之, 必察焉.

15.29

선생님께서 말씀하셨다. "사람은 도道를 넓힐 수 있으나, 도道가 사람을 넓히는 것은 아니다."

子曰, 人能弘道, 非道弘人.

15.30

선생님께서 말씀하셨다. "잘못이 있는데도 고치지 않는 것, 그것이야말로 잘못이라고 한다."

子曰, 過而不改, 是謂過矣.

15.31

선생님께서 말씀하셨다. "나는 일찍이 종일토록 밥도 먹지 않고 밤새 자지도 않고 생각에 몰두해본 적이 있는데 무익하였다. 배움만 못하다."

子曰, 吾嘗終日不食, 終夜不寢, 以思, 無益, 不如學也.

15.32

선생님께서 말씀하셨다. "군자는 도道를 도모하지 먹을 것을 도모하지 않는다. 농사를 지어도 굶주림이 그 안에 있다. 배우면 식록食祿(녹봉)이 그 안에 있다. 군자는 도道를 근심하지 가난을 근심하지 않는다."

子曰, 君子謀道不謀食. 耕也, 餒在其中矣. 學也, 祿在其中矣. 君子憂道不憂貧.

15.33

선생님께서 말씀하셨다. "지혜가 그에 미쳐도 인仁으로 지키지 않으면, 비록 얻는다고 해도 잃기 마련이다. 지혜가 그에 미치고 인仁으로 지켜낼 수 있어도, 장엄함으로 임하지 않으면 피치자들이 공경하지 않는다. 지혜가 그에 미치고 인仁으로 지켜낼 수 있고 장엄함으로 임해도, 예禮로써 피치자들을 움직이지 않으면 아직 충분히 좋지 않다."

子曰, 知及之, 仁不能守之, 雖得之, 必失之. 知及之, 仁能守之. 不莊以涖之, 則民不敬. 知及之, 仁能守之, 莊以涖之, 動之不以禮, 未善也.

15.34

선생님께서 말씀하셨다. "군자는 작은 일은 잘 못 맡아 해도 큰 일은 맡을 수 있다. 소인은 큰 일은 맡을 수 없으나 작은 일은 맡아 할 수 있다."

子曰, 君子不可小知, 而可大受也. 小人不可大受, 而可小知也.

15.35

선생님께서 말씀하셨다. "피치자와 인仁의 관계는, 피치자와 물불의 관계보다 더 심하다. 물과 불은, 사람들이 그것을 다루다가 죽는 것을 나는 보았으나, 인仁을 행하다가 죽는 것은 보지 못하였다."

子曰, 民之於仁也, 甚於水火. 水火, 吾見蹈而死者矣, 未見蹈仁而死者也.

15.36

선생님께서 말씀하셨다. "인仁을 행해야 하는 상황에 닥치면, 모범을 보이는 이에게도 양보하지 않는다."

子曰, 當仁, 不讓於師.[90]

15.37

선생님께서 말씀하셨다. "군자는 꼿꼿하되, 자질구레한 말을 지키는 데에는 연연하지 않는다."

子曰, 君子貞而不諒.[91]

15.38

선생님께서 말씀하셨다. "군주를 섬기는 데는 [먼저] 그 일을 공경히 하고, 그 식록食祿(녹봉)은 뒤로 미룬다."

子曰, 事君, 敬其事而後其食.

15.39

선생님께서 말씀하셨다. "가르침은 있지만, 예법에 맞지 않는 것들이 있다."

子曰, 有教無類.[92]

15.40

선생님께서 말씀하셨다. "도道가 같지 않으면, 서로 도모하지 않는다."

子曰, 道不同, 不相爲謀.

15.41

선생님께서 말씀하셨다. "말이란, 뜻을 전달하면 그만이다."

子曰, 辭, 達而已矣.

15.42

장님 악사 면冕이 [선생님을] 뵈러 왔다. 그가 계단에 이르자, 선생님께서 말씀하셨다. "거기는 계단이오." 좌석에 이르자, 선생님께서 말씀하셨다. "거기는 좌석이오." 모두 자리에 앉자 선생님께서 그에게 일러주셨다. "아무개는 거기 있고, 아무개는 여기 있소." 악사 면이 자리를 뜬 뒤 자장이 물었다. "[이렇게 하는 것이] 악사와 더불어 말하는 도道입니까?" 선생님께서 말씀하셨다. "그렇다. 진실로 악사를 돕는 도道이다."

師冕見, 及階, 子曰, 階也. 及席, 子曰, 席也. 皆坐, 子告之曰, 某在斯, 某在斯. 師冕出. 子張問曰, 與師言之道與. 子曰, 然, 固相師之道也.

16

계
씨

季氏

계씨季氏

16.1

계씨(노나라 대부 계손씨)가 전유(노나라의 부속국)를 정벌하려 할 때, 염유와 계로(자로)가 선생님을 뵙고 말하였다. "계씨가 장차 전유에서 일을 벌이려 합니다." 선생님께서 말씀하셨다. "구求(염유)야, [그렇다면] 너를 질책해야 하지 않겠느냐? 전유는 옛날에 선왕께서 동쪽 몽산의 제주祭主로 삼으셨고, 게다가 우리나라 강역 안에 있으니, 이는 바로 사직을 받드는 신하국인데 어째서 정벌하려 하는가?" 염유가 말하였다. "대부(계씨)께서 원하는 바이지만, 저희 두 신하는 모두 원하지 않습니다." 선생님께서 말씀하셨다. "구야, 주임*은 이렇게 말한 바 있다. '힘을 다해 벼슬길에 나아가고, 제대로 할 수 없으면 그만둔다.' 위태로운데도 붙잡아주지 않고, 넘어지는데도 부축하지 않는다면, 그런 도우미를 장차 어디에 쓰겠는가? 게다가 네 말은 잘못되었다. 호랑이와 외뿔들소 같은 난폭한 짐승이 우리를 뛰쳐나오고, 거북껍질과 옥 같은 귀중한 보물이 궤 안에서 훼손되었다면 그것은 누구의 잘못이겠는가?" 염유가 말하였다. "지금 전유는 [성곽이] 견고하고, 비費 땅에 가까우니, 지금 취하지 않으면 후세에 반드시 자손의 근심거리가 될 것입니다." 선생님께서 말씀하셨다. "구야, 군자는 '그러고 싶다'고 대놓고 말하지 않고 구구하게 핑계 대

---

* 주임(周任): 주나라의 사관(史官)으로 알려진 인물.

는 것을 싫어한다. 내가 듣건대, 나라와 귀족 영지를 다스리는 사람은 [피치자가] 적은 것을 걱정하지 않고 불균형함을 걱정하며, 가난을 걱정하지 않고 평안치 않음을 걱정한다고 한다. 균형이 유지되면 가난함이 없으며, 화목하면 [피치자가] 적지 않으며, 평안하면 [나라가] 기울지 않는다. 이와 같기 때문에 먼 데 있는 사람이 복종하지 않으면 문덕을 닦아 그들이 오게끔 한다. 이미 오게 하였으면 그들을 평안케 해준다. 그런데 유由(계로)와 구求(염유)의 경우는 대부(계씨)를 도우면서, 먼 데 있는 사람들이 복종하지 않아도 오게 하지 못한다. 나라가 부서져 나가는데도 지켜내지 못하고서, 나라 안에서 무기를 움직일 것을 도모하고 있구나. 나는 계손(계씨)의 근심이 전유에 있지 않고 그의 담장 안(가신들)에 있을까 우려스럽구나."*

季氏將伐顓臾. 冉有季路見於孔子曰, 季氏將有事於顓臾. 孔子曰, 求, 無乃爾是過與. 夫顓臾, 昔者先王以爲東蒙主, 且在邦域之中矣, 是社稷之臣也, 何以伐爲. 冉有曰, 夫子欲之, 吾二臣者皆不欲也. 孔子曰, 求, 周任有言曰, 陳力就列, 不能者止. 危而不持, 顚而不扶, 則將焉用彼相矣. 且爾言過矣. 虎兕出於柙, 龜玉毁於櫝中, 是誰之過與. 冉有曰, 今夫顓臾, 固而近於費. 今不取, 後世必爲子孫憂. 孔子曰, 求, 君子疾夫舍曰欲之而必

---

*   이때 염유와 계로(자로)는 노나라의 대부 계손씨(계씨)의 가신이었기에 이런 대화가 오간 것이다.

爲之辭. 丘也聞有國有家者, 不患寡而患不均, 不患貧而患不安. 蓋均無貧, 和無寡, 安無傾. 夫如是, 故遠人不服, 則修文德以來之. 既來之, 則安之. 今由與求也, 相夫子, 遠人不服而不能來也, 邦分崩離析, 而不能守也, 而謀動干戈於邦內. 吾恐季孫之憂, 不在顓臾, 而在蕭牆之內也.[93]

16.2

선생님께서 말씀하셨다. "천하에 도道가 있으면, 예악과 정벌이 천자로부터 나온다. 천하에 도道가 없으면, 예악과 정벌이 제후로부터 나온다. 제후로부터 그러한 것들이 나오면, 열 세대가 지나도록 나라를 잃지 않는 경우가 드물다. 대부로부터 나오면 다섯 세대가 지나도록 나라를 잃지 않는 경우가 드물다. 가신이 나라의 명령권을 쥐고서 삼 세대가 지나도록 나라를 잃지 않는 경우가 드물다. 천하에 도道가 있으면 정치가 대부에게 있지 않다. 천하에 도道가 있으면 일반인들이 이러쿵저러쿵하지 않는다."

孔子曰, 天下有道, 則禮樂征伐, 自天子出. 天下無道, 則禮樂征伐, 自諸侯出. 自諸侯出, 蓋十世希不失矣. 自大夫出, 五世希不失矣. 陪臣執國命, 三世希不失矣. 天下有道, 則政不在大夫. 天下有道, 則庶人不議.

16.3

선생님께서 말씀하셨다. "녹祿(작록을 주는 권리)이 공실(노나라 군주를 가리킴)을 떠난 지가 다섯 세대,* 정치가 대부에 미친 지가 네 세대**가 되었다. 그래서 저 삼환***의 자손들이 쇠미하게 된 것이다."

孔子曰, 祿之去公室五世矣, 政逮於大夫四世矣, 故夫三桓之子孫微矣.

16.4

선생님께서 말씀하셨다. "도움이 되는 친구가 세 부류 있고, 손해가 되는 친구가 세 부류 있다. 곧은 사람을 벗하고, 미더운 사람을 벗하며, 견문이 많은 사람을 벗하면 도움이 된다. 곧지 못한 사람을 벗하고, 줏대 없는 사람을 벗하고, 말만 앞세우는 사람을 벗하면 손해가 된다."

孔子曰, 益者三友, 損者三友. 友直, 友諒, 友多聞, 益矣. 友便辟, 友善柔, 友便佞, 損矣.

---

* 다섯 세대(五世): 노나라의 선공(宣公), 성공(成公), 양공(襄公), 소공(昭公), 정공(定公) 시기를 가리킨다.
** 네 세대(四世): 노나라의 계문자(季文子), 계무자(季武子), 계평자(季平子), 계환자(季桓子) 시기를 가리킨다는 설도 있고, 계무자(季武子), 계도자(季悼子), 계평자(季平子), 계환자(季桓子) 시기를 가리킨다는 설도 있고, 계문자(季文子), 계무자(季武子), 계평자(季平子), 계도자(季悼子) 시기를 가리킨다는 설도 있다.
*** 삼환(三桓): 노나라의 세도가인 맹손씨(중손씨), 숙손씨, 계손씨를 가리킨다. 이들은 모두 환공의 후손이었기에 삼환(三桓)이라고 한 것이다.

16.5

선생님께서 말씀하셨다. "도움이 되는 즐거움이 세 가지 있고, 손해가 되는 즐거움이 세 가지 있다. 예악으로 절도를 맞추기를 즐기고, 타인의 좋은 점 말하기를 즐기고, 현능한 친구가 많은 것을 즐기면 도움이 된다. 교만함에서 오는 쾌락을 즐기고, 나른한 안일함을 즐기고, 방탕한 쾌락을 즐기면 손해가 된다."

孔子曰, 益者三樂, 損者三樂. 樂節禮樂, 樂道人之善, 樂多賢友, 益矣. 樂驕樂, 樂佚遊, 樂宴樂, 損矣.[94]

16.6

선생님께서 말씀하셨다. "군자를 모실 때 세 가지 허물이 있다. 말할 때가 아닌데 말하는 것을 '조급하다'라고 하고, 말할 때가 되었는데도 말하지 않는 것을 '숨긴다'라고 하며, 안색을 살피지 않고 말하는 것을 '눈치 없다'라고 한다."

孔子曰, 侍於君子有三愆. 言未及之而言謂之躁, 言及之而不言謂之隱, 未見顏色而言謂之瞽.

16.7

선생님께서 말씀하셨다. "군자에게는 세 가지 주의할 점이 있다. 어릴 때는 혈기가 아직 안정되지 않았으니 주의할 점이 안색에 있고, 장성해서는 혈기가 바야흐로 강성하니 주의할 점이 싸움에 있고, 늙어서는 혈기가 이미 쇠하였으니 주의할 점이 탐욕에 있다."

孔子曰, 君子有三戒. 少之時, 血氣未定, 戒之在色. 及其壯也, 血氣方剛, 戒之在鬪. 及其老也, 血氣旣衰, 戒之在得.[95]

16.8

선생님께서 말씀하셨다. "군자에게는 세 가지 경외하는 것이 있다. 천명을 경외하고, 대인을 경외하고, 성인의 말씀을 경외한다. 소인은 천명을 알지 못하여 경외하지 않고, 대인에게 버릇없이 굴고, 성인의 말씀을 업신여긴다."

孔子曰, 君子有三畏, 畏天命, 畏大人, 畏聖人之言. 小人不知天命而不畏也, 狎大人, 侮聖人之言.[96]

16.9

선생님께서 말씀하셨다. "나면서부터 아는 사람이 최상이고, 배워서 아는 사람이 그다음이고, 어려움이 있어 배우는 사람이 또 그다음이고, 어려움이 있어도 배우지 않는 사람은 피치자인데 그로 인해 가장 아래가 된다."

孔子曰, 生而知之者, 上也, 學而知之者, 次也, 困而學之, 又其次也, 困而不學, 民斯爲下矣.

16.10

선생님께서 말씀하셨다. "군자는 아홉 가지 생각할 것이 있다. 볼 때는 밝게 볼 것을 생각해야 하고, 들을 때는 분명히 들을 것을 생각해야 하고, 안색을 지을 때는 온화하게 할 것을 생각해야 하고, 몸가짐에는 공손히 할 것을 생각해야 하고, 말할 때는 충성을 생각해야 하고, 일할 때는 공경스러움을 생각해야 하고, 의심스러운 일은 물어볼 것을 생각해야 하고, 분노가 일 때는 그로 인해 초래될 어려움을 생각해야 하고, 이득을 마주할 때는 합당함을 생각해야 한다."

孔子曰, 君子有九思. 視思明, 聽思聰, 色思溫, 貌思恭, 言思忠, 事思敬, 疑思問, 忿思難, 見得思義.

16.11

선생님께서 말씀하셨다. "'선한 일을 보면 그에 미치지 못하는 것처럼 [노력하고], 선하지 않은 일을 보면 끓는 물에 손을 집어넣은 것처럼 [피한다]' 하는데, 나는 그런 사람을 보기도 하였고 그런 말을 듣기도 하였다. '은거함으로써 그 뜻을 추구하고, 올바름을 실천함으로써 그 도道를 실현한다'는 말은 들어보았으나 그런 사람은 아직 보지 못하였다."

孔子曰, 見善如不及, 見不善如探湯. 吾見其人矣, 吾聞其語矣. 隱居以求其志, 行義以達其道. 吾聞其語矣, 未見其人也.

16.12

제나라 경공은 말 4천 필을 가지고 있었지만, 죽는 날에는 피치자들이 칭송할 만한 덕이 없었다. 백이와 숙제는 수양산 아래에서 굶어 죽었지만 피치자들이 지금까지도 그들을 칭송한다. 아마 이것을 이르는 것인가?

齊景公有馬千駟, 死之日, 民無德而稱焉. 伯夷叔齊餓于首陽之下, 民到于今稱之. 其斯之謂與.

16.13

진항(자금, 공자 제자)이 백어(공자 아들)에게 물었다. "그대는 [아버지로부터] 뭐 별다른 가르침이라도 들은 적 있소?" 백어가 대답하였다. "그런 거 없습니다. 언젠가 혼자 서 계실 때 제가 종종걸음으로 뜰을 지나가는데, '시詩(후대의 『시경』)를 배우느냐?'고 말씀하셨습니다. '아직 배우지 않았습니다'라고 대답하니, '시詩를 배우지 않으면 말할 수 없다'고 하셨습니다. 저는 물러나와 시詩를 배웠습니다. 다른 날 또 혼자 서 계실 때, 제가 종종걸음으로 뜰을 지나가는데 '예禮를 배우느냐?'고 말씀하셨습니다. '아직 배우지 않았습니다'라고 대답하니, '예禮를 배우지 않으면 설 수 없다'고 하셨습니다. 저는 물러나와 예禮를 배웠습니다. 이렇게 두 가지를 들었습니다." 진항이 물러나와 기뻐하며 말하였다. "하나를 물어 세 가지를 얻었다. 시詩에 대해 듣고, 예禮에 대해 듣고, 군자는 자식을 멀리한다는 것을 들었다."

陳亢問於伯魚曰, 子亦有異聞乎. 對曰, 未也. 嘗獨立, 鯉趨而過庭. 曰, 學詩乎. 對曰, 未也. 不學詩, 無以言. 鯉退而學詩. 他日, 又獨立, 鯉趨而過庭. 曰, 學禮乎. 對曰, 未也. 不學禮, 無以立. 鯉退而學禮. 聞斯二者. 陳亢退而喜曰, 問一得三, 聞詩, 聞禮. 又聞君子之遠其子也.

16.14

군주의 처를 군주가 부를 때는 '부인'이라고 하고, 부인이 자신을 칭할 때는 '소동'이라고 하고, 나라 사람들이 부를 때는 '군부인'이라고 하고, 다른 나라에 말할 때는 '과소군'이라고 하고, 다른 나라 사람들이 칭할 때는 역시 '군부인'이라고 한다.

邦君之妻, 君稱之曰夫人, 夫人自稱曰小童. 邦人稱之曰君夫人, 稱諸異邦曰寡小君. 異邦人稱之亦曰君夫人.

17

양화

陽貨

17.1

양화*가 공자를 만나고자 하였다. 공자가 만나려 하지 않자, 공자에게 돼지를 [선물로] 보냈다. 공자가 그가 없는 틈을 보아 사의를 표하러 가다가 길에서 마주쳤다. [양화가] 공자에게 말하였다. "이리 오시게. 내 그대와 할 말이 있소." [양화가] 말하였다. "보물을 품고 있으면서 나라를 어지럽히는 것을 인仁이라고 할 만하겠소?" [공자가] 말하였다. "할 수 없습니다." [양화가] 말하였다. "정사에 종사하고자 하면서 자주 때를 놓친다면, 그것을 지혜라고 할 만하겠소?" [공자가] 말하였다. "할 수 없습니다." [양화가] 말하였다. "시간이 흘러가니 세월은 나와 함께 있어 주지 않소." [공자가] 말하였다. "그렇습니다. 나는 장차 벼슬을 할 것입니다."

陽貨欲見孔子, 孔子不見, 歸孔子豚. 孔子時其亡也, 而往拜之, 遇諸塗. 謂孔子曰, 來, 予與爾言. 曰, 懷其寶而迷其邦, 可謂仁乎. 曰, 不可. 好從事而亟失時, 可謂知乎. 曰, 不可. 日月逝矣, 歲不我與. 孔子曰, 諾, 吾將仕矣.

17.2

선생님께서 말씀하셨다. "본성은 서로 가깝지만, 습관에 의해 서로 멀어지게 된다."

---

* 양화(陽貨): 권세를 휘두르던 노나라 계씨의 가신으로, 노나라 대부를 지냈다. 양호(陽虎)라고 부르기도 한다.

子曰, 性相近也, 習相遠也.

17.3

선생님께서 말씀하셨다. "오직 가장 지혜로운 사람과 가장 어리석은 사람만 바뀌지 않는다."

子曰, 唯上知與下愚不移.

17.4

선생님께서 [당시 자유子游가 읍재를 맡고 있던] 무성*에 가셨는데, 현악기를 타면서 노래하는 것을 들었다. 선생님께서 살짝 웃으면서 말씀하셨다. "닭을 잡는 데 어찌 소 잡는 칼을 쓰는가?" 자유가 대답하였다. "옛날에 제가 선생님께 '군자는 도道를 배우면 남을 아끼고, 소인은 도道를 배우면 부리기 쉽다'고 들었습니다." 선생님께서 말씀하셨다. "제자들아, 언偃(자유의 이름)의 말이 맞다. 아까 한 말은 농담이었다."

子之武城, 聞弦歌之聲. 夫子莞爾而笑曰, 割雞焉用牛刀. 子游對曰, 昔者偃也聞諸夫子曰, 君子學道則愛人, 小人學道則易使也. 子曰, 二三子, 偃之言是也. 前言戲之耳.

---

* 무성(武城): 노나라의 고을 이름.

17.5

공산불요*가 비費 땅을 근거지로 모반을 일으켰다. 이에 선생님을 부르니 선생님께서 가시려고 하였다. 자로가 기뻐하지 않으며 말하였다. "가실 곳이 없으면 정녕 그만두실 일이지, 하필이면 공산씨에게 가시려고 합니까?" 선생님께서 말씀하셨다. "나를 부르는 사람이 공연히 부르겠는가? 나를 써주는 사람이 있으면 나는 동쪽의 주나라**로 만들 것이다!"

公山弗擾以費畔, 召, 子欲往. 子路不說, 曰, 末之也已, 何必公山氏之之也. 子曰, 夫召我者, 而豈徒哉. 如有用我者, 吾其爲東周乎.

17.6

자장이 인仁에 대해 선생님께 여쭈었다. 선생님께서 말씀하셨다. "다섯 가지를 세상에 행할 수 있으면, 인仁을 실천하는 것이다." [자장이] 그 다섯 가지를 여쭈었다. [선생님께서] 말씀하셨다. "공손함, 너그러움, 믿음직스러움, 애씀, 베풂이다. 공손하면 무시당하지 않고, 너그러우면 많은 사람을 얻고, 믿음직스러우면 사람들이 신임하고, 애쓰면 공을 세우고, 베풀면

---

* 공산불요(公山弗擾): 원래 계환자가 임명한 관리였으나 양화(양호)와 함께 반란을 일으켰다.
** 동쪽의 주나라(東周): 노나라가 동쪽에 위치하고 있으므로 노나라를 주나라와 같이 훌륭한 나라로 만들겠다는 의지가 담긴 표현이다.

다른 사람을 부릴 수 있다."

子張問仁於孔子. 孔子曰, 能行五者於天下, 爲仁矣. 請問之. 曰, 恭寬信敏惠. 恭則不侮, 寬則得衆, 信則人任焉, 敏則有功, 惠則足以使人.

17.7

필힐*이 부르니, 선생님께서 가시려고 하였다. 자로가 말하였다. "예전에 선생님께서 '자신에게 선하지 않은 일을 하는 자와 군자는 한패가 되지 않는다'고 하셨습니다. 필힐은 중모 땅을 근거지로 모반을 일으켰는데, 선생님께서 가시려고 하는 것은 어째서입니까?" 선생님께서 말씀하셨다. "그렇다. 이런 말이 있네. '견고하다고 하지 않겠는가, 갈아도 얇아지지 않으니. 희다고 하지 않겠는가, 물들여도 검어지지 않으니.' 내가 어찌 호리병박 같겠는가? 어찌 매달려 있을 뿐 먹지 못하는 것이겠는가?"

佛肸召, 子欲往. 子路曰, 昔者, 由也聞諸夫子曰, 親於其身爲不善者, 君子不入也. 佛肸以中牟畔, 子之往也, 如之何. 子曰, 然, 有是言也. 不曰堅乎, 磨而不磷, 不曰白乎, 涅而不緇. 吾豈匏瓜也哉. 焉能繫而不食.[97]

---

* 필힐(佛肸): 진(晉)나라 대부 조간자(趙簡子)의 땅인 중모(中牟)를 다스리던 인물.

17.8

선생님께서 말씀하셨다. "유由(자로)야, 너는 여섯 가지 말과 여섯 가지 폐단에 대해 들어보았느냐?" [자로가] 대답하였다. "아직 들어보지 못하였습니다." "앉거라, 내가 너에게 말해주마. 인仁을 좋아하되 배움을 좋아하지 않으면, 그 폐단은 어리석게 되는 것이다. 지혜를 좋아하되 배움을 좋아하지 않으면, 그 폐단은 방자하게 되는 것이다. 믿음직함을 좋아하되 배움을 좋아하지 않으면, 그 폐단은 해를 끼치게 되는 것이다. 곧음을 좋아하되 배움을 좋아하지 않으면 그 폐단은 가차 없게 되는 것이다. 용기를 좋아하되 배움을 좋아하지 않으면, 그 폐단은 어지럽게 되는 것이다. 굳셈을 좋아하되 배움을 좋아하지 않으면, 그 폐단은 의욕이 과도하게 되는 것이다."

子曰, 由也, 女聞六言六蔽矣乎. 對曰, 未也. 居, 吾語女. 好仁不好學, 其蔽也愚. 好知不好學, 其蔽也蕩. 好信不好學, 其蔽也賊. 好直不好學, 其蔽也絞. 好勇不好學, 其蔽也亂. 好剛不好學, 其蔽也狂.

17.9

선생님께서 말씀하셨다. "제자들아, 어째서 시詩를 공부하는 사람이 아무도 없느냐? 시를 통해 감흥을 일으킬 수 있고, 살펴볼 수 있고, 무리 지을 수 있고, 원망할 수 있다. 가까이로는 아버지를 섬기고, 멀리로는 군주를 섬기며, 새, 짐승, 풀, 나무의 이름을 많이 알게 된다."

子曰, 小子, 何莫學夫詩. 詩, 可以興, 可以觀, 可以羣, 可以怨. 邇之事父, 遠之事君, 多識於鳥獸草木之名.

17.10

선생님이 백어(공자 아들)에게 말씀하셨다. "너는 [후대의 『시경』에서] 「주남」과 「소남」*을 공부하였는가? 사람으로서 「주남」과 「소남」을 공부하지 않으면 담벼락을 정면으로 마주 보고 서 있는 것과 같다!"

子謂伯魚曰, 女爲周南召南矣乎. 人而不爲周南召南, 其猶正牆面而立也與.

17.11

선생님께서 말씀하셨다. "예禮, 예禮 운운하는데, 옥구슬과 비단을 말하는 것이겠는가! 음악, 음악 운운하는데, 종과 북을 말하는 것이겠는가!"

子曰, 禮云禮云, 玉帛云乎哉. 樂云樂云, 鐘鼓云乎哉.

---

* 「주남(周南)」과 「소남(召南)」: 『시경』 「국풍」의 처음 두 편이다.

17.12

선생님께서 말씀하셨다. "안색은 엄하면서 속은 유약한 사람을 소인에 비유하자면, 담을 뚫는 도둑과 같다!"

子曰, 色厲而內荏, 譬諸小人, 其猶穿窬之盜也與.⁹⁸

17.13

선생님께서 말씀하셨다. "향원*은 덕德을 해친다."

子曰, 鄕原, 德之賊也.

17.14

선생님께서 말씀하셨다. "길에서 듣고 길에서 말하여 [흘려버리는 일은] 덕德을 버리는 짓이다."

子曰, 道聽而塗說, 德之棄也.

17.15

선생님께서 말씀하셨다. "비루한 사람과 함께 군주를 모실 수 있겠는가! 그가 [원하는 바를] 아직 얻지 못해서는 [어떻게] 얻을까 걱정하고, 이미 얻고 나서는 잃을까 안달한다. 잃을까 정녕 안달하게 되면 못할 짓이 없다."

---

* 향원(鄕原): 지역 여론에 영합하는 사람.

子曰, 鄙夫可與事君也與哉. 其未得之也, 患得之, 旣得之, 患失之. 苟患失之, 無所不至矣.[99]

17.16

선생님께서 말씀하셨다. "옛날에는 피치자들에게 세 가지 병통이 있었는데, 이제는 그나마도 없는 것 같다. 옛날의 의욕이 넘치는 사람은 시원시원했으나 오늘날의 의욕이 넘치는 사람은 제멋대로 행동하며, 옛날의 자긍심 높은 사람은 딱 부러졌으나 오늘날의 자긍심 높은 사람은 성내며 다투려 들며, 옛날의 어리석은 사람은 솔직했으나 오늘날의 어리석은 사람은 거짓말을 할 뿐이다."

子曰, 古者民有三疾, 今也或是之亡也. 古之狂也肆, 今之狂也蕩, 古之矜也廉, 今之矜也忿戾, 古之愚也直, 今之愚也詐而已矣.

17.17

선생님께서 말씀하셨다. "말을 교묘하게 하고 겉모습을 꾸미는 사람치고, 드물구나, 인仁한 사람이."

子曰, 巧言令色, 鮮矣仁.*

---

* 「학이」 3장에 같은 구절이 나온다.

17.18

선생님께서 말씀하셨다. "[간색間色인] 자주색이 [정색正色인] 붉은색 [지위를] 빼앗는 것을 미워하고, 정나라 음악이 아악을 어지럽히는 것을 미워하고, 입을 잘 놀리는 사람이 나라를 뒤엎는 것을 미워한다."

子曰, 惡紫之奪朱也, 惡鄭聲之亂雅樂也, 惡利口之覆邦家者.

17.19

선생님께서 말씀하셨다. "나는 말을 하지 않고자 한다." 자공이 말하였다. "선생님께서 말을 하지 않으시면, 저희들은 무엇을 받아 전한단 말입니까?" 선생님께서 말씀하셨다. "하늘이 무엇을 말하더냐? 사계절이 갈마들고 만물이 생장하건만 하늘이 무엇을 말하더냐?"

子曰, 予欲無言. 子貢曰, 子如不言, 則小子何述焉. 子曰, 天何言哉. 四時行焉, 百物生焉, 天何言哉.

17.20

유비(노나라 사람)가 공자를 만나고자 하였으나, 공자는 병을 핑계로 사양하였다. 전갈을 가져온 사람이 문을 나서자, 거문고를 가져다가 노래하여 그로 하여금 듣게 하였다.

孺悲欲見孔子, 孔子辭以疾. 將命者出戶, 取瑟而歌, 使之聞之.

17.21

재아가 여쭈었다. "삼년상에서 1년 지내는 것도 너무 깁니다. 군자가 3년 동안 예禮를 행하지 않으면, 예禮는 반드시 무너지고, 3년 동안 음악을 하지 않으면 음악은 반드시 무너집니다. 묵은 곡식은 바닥나고 햇곡식이 여물고, 철에 맞추어 나무를 바꾸어 불을 얻을 만한 기간이니 1년이면 그만할 만합니다." 선생님께서 말씀하셨다. "〔상중에〕 쌀밥을 먹고 비단옷을 입으면 너는 편하냐?" 〔재아가〕 대답하였다. "편합니다." 선생님께서 말씀하셨다. "네가 편하다면 그렇게 해라! 군자가 상중에는 맛난 음식을 먹어도 달지 않고, 음악을 들어도 즐겁지 않고, 집 안에 있어도 편안하지 않기 때문에 하지 않는 것이다. 정녕 네가 편하다면, 그렇게 하려무나!" 재아가 나가자 선생님께서 말씀하셨다. "재아는 인仁하지 않다. 자식은 태어나서 3년이 지난 뒤에야 부모의 품에서 벗어난다. 삼년상은 세상에 통용되는 상례이다. 재아도 부모로부터 그 3년간의 아껴줌을 받았겠지?"

宰我問, 三年之喪, 期已久矣. 君子三年不爲禮, 禮必壞, 三年不爲樂, 樂必崩. 舊穀旣沒, 新穀旣升, 鑽燧改火, 期可已矣. 子曰, 食夫稻, 衣夫錦, 於女安乎. 曰, 安. 女安, 則爲之. 夫君子之居喪, 食旨不甘, 聞樂不樂, 居處不安, 故不爲也. 今女安, 則爲之. 宰我出, 子曰, 予之不仁也. 子生三年, 然後免於父母之懷. 夫三年之喪, 天下之通喪也. 予也有三年之愛於其父母乎.

17.22

선생님께서 말씀하셨다. "배불리 먹고서 하루 종일 마음을 쓰는 데가 없다면 곤란하다. 심심풀이 놀이가 있지 않은가! 그걸 하는 게 차라리 현능할 것이다."

子曰, 飽食終日, 無所用心, 難矣哉, 不有博奕者乎. 爲之猶賢乎已.

17.23

자로가 말하였다. "군자는 용맹을 숭상합니까?" 선생님께서 말씀하셨다. "군자는 옳음을 으뜸으로 친다. 군자가 용맹하기만 하고 옳음이 없으면 난리를 일으키고, 소인이 용맹하기만 하고 옳음이 없으면 도둑질을 한다."

子路曰, 君子尙勇乎. 子曰, 君子義以爲上, 君子有勇而無義爲亂, 小人有勇而無義爲盜.

17.24

자공이 말하였다. "군자도 미워하는 것이 있습니까?" 선생님께서 말씀하셨다. "미워하는 것이 있지. 남의 흠을 떠들어대는 사람을 미워하고, 아래 무리에 있으면서 윗사람을 헐뜯는 사람을 미워하고, 용맹하기만 하고 예의가 없는 사람을 미워하고, 과감하기만 하고 꽉 막힌 사람을 미워한다." 선생님께서 말씀하셨다. "사賜(자공)야, 너도 미워하는 것이 있느냐?"

[자공이 말하였다.] "겉핥기를 앎이라고 여기는 사람을 미워하며, 불손함을 용기라고 여기는 사람을 미워하며, 남의 단점을 지적하는 것을 곧은 것이라고 여기는 사람을 미워합니다."

子貢曰, 君子亦有惡乎. 子曰, 有惡. 惡稱人之惡者, 惡居下流而訕上者, 惡勇而無禮者, 惡果敢而窒者. 曰, 賜也亦有惡乎. 惡徼以爲知者, 惡不孫以爲勇者, 惡訐以爲直者.[100]

17.25

선생님께서 말씀하셨다. "오직 여자와 소인은 기르기가 어렵다. 가까이 하면 불손해지고, 멀리하면 원망한다."

子曰, 唯女子與小人爲難養也, 近之則不孫, 遠之則怨.

17.26

선생님께서 말씀하셨다. "나이가 사십이 되어서도 미움을 받는다면, 아마도 끝난 것이다."

子曰, 年四十而見惡焉, 其終也已.

18

미자

微子

18.1

미자*는 떠나버리고, 기자**는 노예가 되었으며, 비간***은 간언하다가 죽었다. 선생님께서 말씀하셨다. "은나라에 세 명의 인仁한 사람이 있었다."

微子去之, 箕子爲之奴, 比干諫而死. 孔子曰, 殷有三仁焉.

18.2

유하혜가 사사士師(형벌 담당 관리)가 되었다가 세 번이나 퇴출되었다. 어떤 사람이 말하였다. "그대는 그만 떠날 만하지 않습니까?" 유하혜가 말하였다. "도道를 곧게 하여 사람을 섬기면, 어디를 간들 세 번은 쫓겨나지 않겠소? 도道를 굽혀 사람을 섬긴다면 하필 부모의 나라를 떠나겠소?"

柳下惠爲士師, 三黜. 人曰, 子未可以去乎. 曰, 直道而事人, 焉往而不三黜. 枉道而事人, 何必去父母之邦.

18.3

제나라 경공이 공자를 대우하며 말하였다. "계씨만큼 내가

---

* 미자(微子): 은나라의 마지막 군주인 주왕(紂王)의 이복형. 주왕의 극악무도함을 보고 시정하기를 요청했으나 받아들여지지 않자 은나라를 떠났다고 전한다.
** 기자(箕子): 은나라 주왕의 숙부. 주왕에게 간언했으나 도리어 노예가 되는 처분을 받았다고 전한다.
*** 비간(比干): 은나라 주왕의 숙부. 주왕에게 간언하자 주왕은 비간을 죽이고 그의 심장을 꺼냈다고 전한다.

해줄 수는 없겠지만. 계씨와 맹씨의 중간 정도로 대우하리다." [다른 날에 제경공이 다시] 말하였다. "내가 늙어서 그대를 기용할 수 없소이다." 이에 공자는 떠났다.

齊景公待孔子曰, 若季氏, 則吾不能, 以季孟之間待之. 曰, 吾老矣, 不能用也. 孔子行.[101]

18.4

제나라 사람들이 여악*을 보냈다. 계환자**가 그들을 받아들이니, 사흘이나 조회를 열지 않았다. 이에 공자는 [노나라를] 떠났다.

齊人歸女樂, 季桓子受之, 三日不朝, 孔子行.

18.5

초나라 괴짜 접여가 노래하면서 공자를 지나갔다. "봉황이여, 봉황이여. 어찌 덕德이 그토록 쇠하였는가? 지나간 것은 간언할 수 없고, 올 것은 오히려 좇을 수 있네. 관둬라, 관둬라! 요즘 정사에 종사하는 사람은 위태롭다." 공자가 내려와 그와 이야기를 나누어보려고 하였지만, 빠른 걸음으로 피해버려 이야기를 나눌 수 없었다.

---

* 여악(女樂): 가희(歌姬)와 무녀(舞女).
** 계환자(季桓子): 노나라 대부인 계손사(季孫斯). 당시 노나라의 실권자 중 한 사람이었다.

미자미자

楚狂接輿歌而過孔子曰, 鳳兮, 鳳兮. 何德之衰. 往者不可諫, 來者猶可追. 已而, 已而. 今之從政者殆而. 孔子下, 欲與之言. 趨而辟之, 不得與之言.[102]

18.6

장저와 걸닉*이 나란히 서서 밭을 가는데, 공자가 지나가다가 자로로 하여금 [그들에게] 나루를 물어보게 하셨다. 장저가 말하였다. "저 수레 고삐를 쥐고 있는 사람은 누구요?" 자로가 말하였다. "공구(공자)입니다." [장저가] 말하였다. "노나라의 공구인가요?" [자로가] 말하였다. "그렇습니다." [장저가] 말하였다. "그렇다면 나루가 어딘지 알 것이오." [자로가] 걸닉에게 물어보았다. 걸닉이 말하였다. "당신은 누구요?" [자로가] 말하였다. "중유(자로)입니다." [걸닉이] 말하였다. "노나라 공구의 무리요?" [자로가] 대답하였다. "그렇습니다." [걸닉이] 말하였다. "도도하게 흘러가기로는 천하가 모두 그러한데, 누구와 함께 그것을 바꾸리오? 게다가 당신은 사람을 피하는 사士를 좇는 것이 어찌 세상을 피하는 사士를 좇는 것만 같겠는가?" 그러고는 흙으로 씨앗 덮는 일을 멈추지 않았다. 자로가 가서 [선생님께] 고하니, 선생님께서는 실망한 기색으로 말씀하셨다. "새와 짐승과는 함께 무리 지어 살 수 없으니, 내가 이 사람들과 함께하지 않는다면 누구와 함께하겠는가? 세상

* 장저(長沮)와 걸닉(桀溺): 은자로 알려진 인물들.

에 도道가 있다면, 내가 굳이 함께 바꾸려 들지 않을 것이다."

長沮桀溺耦而耕, 孔子過之, 使子路問津焉. 長沮曰, 夫執輿者爲誰. 子路曰, 爲孔丘. 曰, 是魯孔丘與. 曰, 是也. 曰, 是知津矣. 問於桀溺. 桀溺曰, 子爲誰. 曰, 爲仲由. 曰, 是魯孔丘之徒與. 對曰, 然. 曰, 滔滔者天下皆是也, 而誰以易之. 且而與其從辟人之士也, 豈若從辟世之士哉. 耰而不輟. 子路行以告, 夫子憮然曰, 鳥獸不可與同羣, 吾非斯人之徒與而誰與. 天下有道, 丘不與易也.

18.7

자로가 [선생님을] 따라가다가 뒤처졌을 때 지팡이에 삼태기를 메고 가는 노인을 만났다. 자로가 물었다. "당신은 우리 선생님을 보셨습니까?" 노인이 말하였다. "사지를 부지런히 놀리지 못하고, 오곡도 분별하지 못하는 사람에게 누가 선생님이란 말이오!" [노인은] 지팡이를 꽂아두고 김을 맸다. 자로가 두 손을 모아 공손히 서 있으니, 자로를 묵어가게 하고는, 닭을 잡고 기장밥을 지어 먹이고, 자기의 두 아들도 인사시켰다. 다음 날 자로가 [선생님께] 가서 고하니, 선생님께서 말씀하셨다. "은자로다." 자로로 하여금 돌아가서 뵙게 하였다. [자로가] 도착하니, [노인은] 떠나고 없었다. 자로가 말하였다. "벼슬하지 않는 것은 의리가 없는 것이다. 어른과 아이 사이의 예절을 없앨 수 없는데 군신 간의 의리를 어찌 정녕 없앨 수 있겠는가? 자기 한 몸 깨끗이 하려다 큰 인륜을 망치는 법이다. 군자가 벼슬하는 것은 그 의리를 실천하는 것이다. 도道가 행해지지 않는다는 것은 이미 알고 있다."

子路從而後, 遇丈人, 以杖荷蓧. 子路問曰, 子見夫子乎. 丈人曰, 四體不勤, 五穀不分, 孰爲夫子. 植其杖而芸. 子路拱而立. 止子路宿, 殺雞爲黍而食之, 見其二子焉. 明日, 子路行以告. 子曰, 隱者也. 使子路反見之. 至則行矣. 子路曰, 不仕無義. 長幼之節, 不可廢也. 君臣之義, 如之何其廢之. 欲潔其身, 而亂大倫. 君子之仕也, 行其義也. 道之不行, 已知之矣.[103]

18.8

세상을 등지고 산 뛰어난 인물로는 백이, 숙제, 우중,* 이일, 주장, 유하혜, 소련이 있다. 선생님께서 말씀하셨다. "자기 뜻을 굽히지 않고, 자기 몸을 욕되게 하지 않은 사람은 백이와 숙제로다." 유하혜와 소련에 대해 평가하셨다. "뜻을 굽히고 몸을 욕되게 하였으나, 말이 도리에 들어맞고 행동이 숙고한 바에 들어맞으니, 그들은 이 정도였을 뿐이다." 우중과 이일에 대해 평가하셨다. "은거하면서 거리낌 없이 말을 하였으나 몸가짐은 깔끔하고 세상을 버린 것은 상황에 걸맞았다. 나는 이들과 달라서, 그래도 된다는 것도 없고 그래서 안 된다는 것도 없다."

---

* 우중(虞仲): 태백(泰伯)의 동생인 중옹(仲雍). 태백과 함께 막내동생에게 왕위를 양보하고 은자가 되었다.

逸民, 伯夷, 叔齊, 虞仲, 夷逸, 朱張, 柳下惠, 少連. 子曰, 不降其志, 不辱其身, 伯夷叔齊與. 謂柳下惠少連, 降志辱身矣, 言中倫, 行中慮, 其斯而已矣. 謂虞仲夷逸, 隱居放言, 身中清, 廢中權. 我則異於是, 無可無不可.

18.9

악사장 지摯는 제나라로 가고, [군주의 식사 때 흥을 돋우는 악사 중에] 아반*의 악사 간干은 초나라로 가고, 삼반*의 악사 요繚는 채나라로 가고, 사반*의 악사 결缺은 진나라로 가고, 북치는 방숙方叔은 하내河內로 가고, 소고를 흔드는 무武는 한중漢中으로 가고, 악사를 보좌하는 양陽과 경쇠 치는 양襄은 해내海內로 갔다.

大師摯適齊, 亞飯干適楚, 三飯繚適蔡, 四飯缺適秦, 鼓方叔入於河, 播鼗武入於漢, 少師陽, 擊磬襄, 入於海.

18.10

주공이 노공**에게 말하였다. "군자는 친지를 소홀히 하지 않고, 대신들로 하여금 써주지 않는다고 원망하게 만들지 않고, 옛 친구는 큰 잘못이 없으면 버리지 않고, 한 사람에게 모든 것이 갖추어져 있기를 바라지 않는다."

---

* 아반(亞飯), 삼반(三飯), 사반(四飯): 군주가 식사할 때 악단이 음악을 연주했는데, 아반, 삼반, 사반은 식사의 종류이자 음악을 담당하는 악사의 이름이다.

** 노공(魯公): 주공의 아들인 백금(伯禽). 노나라에 봉해져서 '노공(魯公)'이라 불렸다.

周公謂魯公曰, 君子不施其親, 不使大臣怨乎不以. 故舊無大故, 則不棄也. 無求備於一人.

18.11

주나라에는 여덟 사土가 있었다. 백달, 백괄, 중돌, 중홀, 숙야, 숙하, 계수, 계와이다.

周有八士. 伯達, 伯适, 仲突, 仲忽, 叔夜, 叔夏, 季隨, 季騧.

19

자장

子張

19.1

자장이 말하였다. "사士가 되어, 위기에 마주해서는 목숨을 바치고, 이익에 마주해서는 옳음을 생각하고, 제사에는 공경을 생각하고, 상사에는 슬픔을 생각하면, 아마도 괜찮다고 하겠다."

子張曰, 士, 見危致命, 見得思義, 祭思敬, 喪思哀, 其可已矣.

19.2

자장이 말하였다. "덕德을 지니되 [그 지닌 정도가] 넓지 않고, 도道를 믿되 [믿는 정도가] 독실하지 않으면, [덕德이나 도道가] 어찌 있다고 할 수 있으며, 어찌 없다고 할 수 있겠는가?"

子張曰, 執德不弘, 信道不篤, 焉能爲有. 焉能爲亡.

19.3

자하의 문인이 자장에게 교제에 대해 여쭈었다. 자장이 말하였다. "자하는 무엇이라고 하던가?" 대답하였다. "자하께서는, 사귈 만한 사람은 사귀고 사귈 만하지 않은 사람은 거절하라고 말씀하셨습니다." 자장이 말하였다. "내가 들은 바하고는 다르구나. 군자는 현능한 사람을 존경하고 많은 사람을 용납하고 잘하는 사람을 칭찬하고 무능한 사람을 불쌍히 여긴다. 내가 크게 현능하다면 남에 대해 무엇을 용납하지 않으리요? 내가 현능하지 못하다면 남이 장차 나를 거절할 테니, 어떻게 정녕 남을 거절할 수 있겠는가?"

子夏之門人, 問交於子張. 子張曰, 子夏云何. 對曰, 子夏曰, 可者與之, 其不可者拒之. 子張曰, 異乎吾所聞, 君子尊賢而容衆, 嘉善而矜不能. 我之大賢與, 於人何所不容. 我之不賢與, 人將拒我, 如之何其拒人也.[104]

19.4

자하가 말하였다. "작은 도道라고 할지라도 반드시 살펴볼 만한 구석이 있기 마련이다. 멀리까지 나아가는 데 방해될까 우려하기에 군자는 [그러한 작은 도道에] 종사하지 않는다."

子夏曰, 雖小道, 必有可觀者焉, 致遠恐泥, 是以君子不爲也.

19.5

자하가 말하였다. "나날이 자신이 결여하고 있는 바를 알고, 다달이 자신이 할 수 있는 바를 잊지 않으면, 배움을 좋아한다고 할 만하다."

子夏曰, 日知其所亡, 月無忘其所能, 可謂好學也已矣.

19.6

자하가 말하였다. "널리 배우고, 잘 기억하고, 절실히 묻고 가까운 일부터 생각하면, 인仁이 그 가운데 있다."

子夏曰, 博學而篤志, 切問而近思, 仁在其中矣.[105]

19.7

자하가 말하였다. "뭇 장인들은 작업장에서 그 일을 이루고, 군자는 배워서 그 도道에 이른다."

子夏曰, 百工居肆以成其事, 君子學以致其道.

19.8

자하가 말하였다. "소인은 잘못하면 꼭 꾸며댄다."

子夏曰, 小人之過也必文.

19.9

자하가 말하였다. "군자에게는 [그 모습이] 세 가지 변화가 있다. 바라보면 엄연하고, 다가가면 온화하고, 말을 들어보면 엄격하다."

子夏曰, 君子有三變. 望之儼然, 卽之也溫, 聽其言也厲.

19.10

자하가 말하였다. "군자는 믿음을 얻고 난 뒤에 피치자를 수고롭게 할 것이니, 믿음을 채 얻지 못하면 [피치자는] 자신을 괴롭힌다고 생각한다. 믿음을 얻은 뒤에야 간언할 것이니, 믿음을 채 얻지 못하면 [사람들은] 자신을 헐뜯는다고 생각한다."

子夏曰, 君子信而後勞其民, 未信, 則以爲厲己也. 信而後諫, 未信, 則以爲謗己也.

19.11

자하가 말하였다. "큰 덕德이 한도를 넘지 않는다면, 작은 덕德은 넘나들어도 된다."

子夏曰, 大德不踰閑, 小德出入可也.

19.12

자유가 말하였다. "자하의 문하에 있는 젊은이들은 물 뿌리고 청소하는 일, 손님 응대하는 일, 나아가고 물러나는 행동거지에 관한 한 괜찮지만 그런 것들은 지엽말단적인 것이다. 근본적인 것은 없으니 어찌하겠는가?" 자하가 듣고서 말하였다. "아, 언유(자유)의 말은 지나치다. 군자의 도道인데, 어느 것은 앞세워 전수하고 어느 것은 뒤로 미루어 게을리하겠는가? [이를] 초목에 비유하자면, 종류대로 구별하는 것 같구나. 군자의 도道를 어찌 왜곡할 수 있겠는가? 처음에서 끝까지 꿰는 사람은 아마도 성인뿐이구나."

子游曰, 子夏之門人小子, 當洒掃應對進退, 則可矣, 抑末也. 本之則無, 如之何. 子夏聞之, 曰, 噫, 言游過矣. 君子之道, 孰先傳焉, 孰後倦焉. 譬諸草木, 區以別矣. 君子之道, 焉可誣也. 有始有卒者, 其惟聖人乎.

19.13

자하가 말하였다. "벼슬하면서 여력이 있으면 배우고, 배우고서 여력이 있으면 벼슬한다."

子夏曰, 仕而優則學, 學而優則仕.

19.14

자유가 말하였다. "상을 당해서는, 슬픔을 다하고서 그치는 것이다."

子游曰, 喪致乎哀而止.

19.15

자유가 말하였다. "내 친구 자장은 해내기 어려운 일을 해내지만, 아직 인仁하지는 않다."

子游曰, 吾友張也, 爲難能也, 然而未仁.

19.16

증자가 말하였다. "당당하도다, 자장이여! [그러나] 더불어 인仁을 실천하기는 어렵구나."

曾子曰, 堂堂乎張也. 難與並爲仁矣.

19.17

증자가 말하였다. "내가 선생님께 들으니 '사람이 [평소에는] 스스로 정성을 다함이 없더라도 반드시 어버이의 장례에는 정성을 다해야 한다'고 하셨다."

曾子曰, 吾聞諸夫子, 人未有自致者也, 必也親喪乎.

19.18

증자가 말하였다. "내가 선생님께 들으니 '맹장자(노나라 대부)의 효에서 다른 것은 다 따라할 수 있는데, 그가 아버지의 신하와 아버지의 정사를 바꾸지 않은 것만큼은 해내기 어렵다'고 하셨다."

曾子曰, 吾聞諸夫子, 孟莊子之孝也, 其他可能也, 其不改父之臣與父之政, 是難能也.

19.19

맹씨가 양부(증자의 제자)를 사사士師(형벌 담당 관리)로 삼자, [양부가] 증자에게 상의하였다. 증자가 말하였다. "위에서 도道를 잃으니, 피치자들이 흩어진 지 오래되었다. 만약 그들의 실정을 알게 되면, 슬퍼하고 불쌍히 여겨야지, 기뻐하지 마라."

孟氏使陽膚爲士師, 問於曾子. 曾子曰, 上失其道, 民散久矣. 如得其情, 則哀矜而勿喜.

19.20

자공이 말하였다. "[은나라] 주紂임금의 선하지 않음이 이토록 심하지는 않았다. 그래서 군자는 하류에 거하기를 싫어하는 것이다. 천하의 악이 모두 그에게 귀속되기 때문이다."

子貢曰, 紂之不善, 不如是之甚也. 是以君子惡居下流, 天下之惡皆歸焉.

19.21

자공이 말하였다. "군자의 잘못은 일식, 월식과 같다. 잘못하면 사람들이 모두 보게 되고, 잘못을 고치면 사람들이 모두 우러른다."

子貢曰, 君子之過也, 如日月之食焉. 過也, 人皆見之, 更也, 人皆仰之.

19.22

위衛나라 공손조(위나라 대부)가 자공에게 물었다. "중니(공자)는 어디에서 배웠습니까?" 자공이 말하였다. "문왕과 무왕의 도道가 아직 땅에 떨어지지 않고, 사람들에게 남아 있습니다. 현능한 사람은 그 도道의 큰 부분을 기억하고, 현능하지 않은 사람은 그 도道의 작은 부분을 기억하고 있으니, 문왕과 무왕의 도道를 지니지 않은 사람이 없습니다. 선생님께서 어디선들 배우지 않았겠습니까? 대체 무슨 일정한 모범이 있었겠소."

衛公孫朝問於子貢曰, 仲尼焉學. 子貢曰, 文武之道, 未墜於地, 在人. 賢者識其大者, 不賢者識其小者, 莫不有文武之道焉. 夫子焉不學, 而亦何常師之有.[106]

19.23

숙손무숙(노나라 대부)이 조정에서 대부들에게 말하였다. "자공이 중니보다 현능합니다." 자복경백(노나라 대부)이 이 말을 자공에게 알려주자, 자공이 말하였다. "집의 담장에 비유하자면, 저의 담장은 어깨까지 미칠 정도라서 집 안이 좋은지 들여다볼 수 있습니다. 선생님의 담장은 몇 길이나 되니, 문을 통해 들어가시 않으면 종묘의 아름다움과 뭇 관리들의 많음을 볼 수 없습니다. 그 문을 찾아낸 사람은 적을 수도 있으니, 대부(숙손무숙)께서 그렇게 말하는 것도 참으로 당연하지 않겠습니까?"

叔孫武叔語大夫於朝曰, 子貢賢於仲尼. 子服景伯以告子貢. 子貢曰, 譬之宮牆, 賜之牆也及肩, 窺見室家之好. 夫子之牆數仞, 不得其門而入, 不見宗廟之美, 百官之富. 得其門者或寡矣. 夫子之云, 不亦宜乎.[107]

자장子張

19.24

숙손무숙이 중니를 헐뜯었다. 자공이 말하였다. "소용없는 일입니다. 중니를 헐뜯을 수 없습니다. 다른 사람의 현능함은 구릉과 같아서 뛰어넘을 수 있지만, 중니는 해와 달 같아서 뛰어넘을 수 없습니다. 사람들이 비록 스스로 [해와 달과의 관계를] 끊으려고 하더라도 어찌 해와 달에 손상이 있겠습니까? 그저 자기 국량을 알지 못함을 드러낼 뿐입니다."

叔孫武叔毁仲尼. 子貢曰, 無以爲也, 仲尼不可毁也. 他人之賢者, 丘陵也, 猶可踰也, 仲尼, 日月也, 無得而踰焉. 人雖欲自絶, 其何傷於日月乎. 多見其不知量也.[108]

19.25

진자금(진항)이 자공에게 말하였다. "그대가 공손하게 처신하는 거지, 중니가 어찌 그대보다 뛰어나겠습니까?" 자공이 말하였다. "군자는 한마디 말로 지혜롭다고 여겨지기도 하고, 한마디 말로 지혜롭지 않다고 여겨지기도 하니 말은 신중하지 않을 수 없소. 선생님께 미칠 수 없음은, 하늘을 사다리로 오를 수 없는 것과 같소. 만약 선생님께서 나라를 얻으시면, 이른바 '세워주면 곧 서고, 이끌어주면 곧 [이끌어주는 대로] 가고, 편안케 해주면 곧 다가오고, 움직이게 하면 곧 조화를 이루게 됩니다. 그가 살아 계실 때는 영예로 여기고, 돌아가시면 애통해한다'는 것이니 어찌 감히 미칠 수 있겠소?"

陳子禽謂子貢曰, 子爲恭也, 仲尼豈賢於子乎. 子貢曰, 君子一言以爲知, 一言以爲不知, 言不可不愼也. 夫子之不可及也, 猶天之不可階而升也. 夫子之得邦家者, 所謂立之斯立, 道之斯行, 綏之斯來, 動之斯和. 其生也榮, 其死也哀, 如之何其可及也.

堯曰

요왈堯曰

20.1

요임금이 말씀하셨다. "아, 그대 순舜이여! 하늘이 정한 차례가 그대에게 이르렀으니, 진실로 중심을 잡아라! 세상이 곤궁해지면, 하늘의 봉록이 영원히 끝날 것이다." 순임금 또한 이 말을 가지고 우임금에게 명하였다. [탕임금이] 말하였다. "저 소자 리履*는 감히 검은 소를 [제물로] 바치고서 감히 위대하신 하느님께 밝게 고합니다. 죄가 있는 이(걸왕)를 감히 사면하지 않을 것이고, 하느님의 신하로서 제가 아무것도 덮어두지 않겠습니다. 낱낱이 살피심은 하느님의 마음에 달렸습니다. 이 몸에 죄가 있다면 그것은 세상 때문이 아니지만, 세상에 죄가 있다면 그 죄는 이 몸에 있습니다."** 주나라가 [사람들에게] 크게 베푸니, 선한 사람들이 부유해졌다. [무왕이 말하기를] "비록 지극히 가까운 친족이 있어도 인仁한 사람이 있는 것만 못하다. 백성들에게 허물이 있다면, [그 책임은] 나 한 사람에게 있는 것이다." 도량형을 관리하고, 법도를 살피고, 폐지된 관직을 정비하니 사방으로 정사가 행해졌다. 멸망한 나라를 일으키고, 끊어진 세대를 이어주고, 숨은 현자들을 기용하니, 천하의 피치자들이 마음으로 귀의하였다. 소중히 여기는 바는, 피치자들의 식량과 상례喪禮와 제례祭禮였다. 너

---

* 리(履): 탕임금의 이름.
** 탕임금이 말한 내용은 『서경』「상서(商書)」 '탕고(湯誥)'에 나온다.

그러우면 많은 사람을 얻고, 믿음직스러우면 피치자들이 신임하고, 애를 쓰면 공이 있고, 공정하면 기뻐한다.

堯曰, 咨, 爾舜. 天之曆數在爾躬, 允執其中. 四海困窮, 天祿永終. 舜亦以命禹. 曰, 予小子履, 敢用玄牡, 敢昭告于皇皇后帝. 有罪不敢赦, 帝臣不蔽, 簡在帝心. 朕躬有罪, 無以萬方, 萬方有罪, 罪在朕躬. 周有大賚, 善人是富. 雖有周親, 不如仁人.* 百姓有過, 在予一人. 謹權量, 審法度, 修廢官, 四方之政行焉. 興滅國, 繼絶世, 擧逸民, 天下之民歸心焉. 所重, 民食喪祭. 寬則得重, 信則民任焉, 敏則有功, 公則說.[109]

20.2

자장이 선생님께 여쭈었다. "어떻게 해야 [제대로] 정사에 종사할 수 있습니까?" 선생님께서 말씀하셨다. "다섯 가지 미덕을 존중하고, 네 가지 악덕을 막으면 정사에 종사할 수 있다." 자장이 말하였다. "무엇을 일러 다섯 가지 미덕이라고 합니까?" 선생님께서 말씀하셨다. "군자는 베풀되 낭비하지 않고, 수고롭게 하되 원망을 사지 않고, 바라되 탐하지 않고, 태연하되 교만하지 않고, 위엄 있되 사납지 않다." 자장이 말하였다. "무엇을 일러 베풀되 낭비하지 않는다고 합니까?" 선생님께서 말씀하셨다. "피치자들이 이롭게 여기는 바대로 그들을 이롭게 해주면, 이것이 참으로 '베풀되 낭비하지 않은 것'

---

* 雖有周親, 不如仁人: 『서경』「주서(周書)」'태서(泰誓)'에 나오는 구절이다.

이 아니리오? 수고할 만한 일을 골라서 수고를 끼친다면, 또 누가 원망하리오? 인仁을 원해서 인仁을 이룬다면 또 무엇을 탐하리오? 군자는 많고 적음, 크고 작음을 따지지 않고 [상대를] 감히 함부로 대하지 않으니 이것이 참으로 '당당하되 교만하지 않은 것'이 아니리오? 군자가 의관을 바르게 하고 시선을 존귀하게 하면 그 모습이 엄연하여, 사람들이 바라보고 어려워할 것이니, 이것이 참으로 '위엄 있되 사납지 않은 것'이 아니리오?" 자장이 말하였다. "무엇을 일러 네 가지 악덕이라고 합니까?" 선생님께서 말씀하셨다. "[미리] 교화하지 않고 [죄를 지으면] 죽이는 것을 잔학하다고 하고, [미리] 경계하지 않고 결과만 책하는 것을 포악하다고 하고, 명령 내리기를 게을리하였으면서 기한을 재촉하는 것을 못살게 군다고 하고, 사람들에게 고르게 나누어주어야 하는데도 출납을 인색하게 하는 것을 [옹졸한] 벼슬아치라고 한다."

子張問於孔子曰, 何如斯可以從政矣. 子曰, 尊五美, 屛四惡, 斯可以從政矣. 子張曰, 何謂五美. 子曰, 君子惠而不費, 勞而不怨, 欲而不貪, 泰而不驕, 威而不猛. 子張曰, 何謂惠而不費. 子曰, 因民之所利而利之, 斯不亦惠而不費乎. 擇可勞而勞之, 又誰怨. 欲仁而得仁, 又焉貪. 君子無衆寡, 無小大, 無敢慢, 斯不亦泰而不驕乎. 君子正其衣冠, 尊其瞻視, 儼然, 人望而畏之, 斯不亦威而不猛乎. 子張曰, 何謂四惡. 子曰, 不敎而殺謂之虐, 不戒視成謂之暴, 慢令致期謂之賊, 猶之與人也, 出納之吝, 謂之有司.

20.3

선생님께서 말씀하셨다. "천명을 알지 못하면 군자가 될 수 없고, 예禮를 알지 못하면 제대로 설 수 없고, 말을 알지 못하면 사람을 알 수 없다."

孔子曰, 不知命, 無以爲君子也, 不知禮, 無以立也, 不知言, 無以知人也.

주

1   「학이」편 번역의 근거와 해석에 관련해서는 김영민, 2025, 『배움의 기쁨』, 사회평론아카데미 참조.

2   時金科, 2017, 「《論語》中 "說"字本義論析: 以《左傳》中 "說"的用法倒推」, 『河南科技大學學報(社會科學版)』第35卷, 河南科技大學, pp. 48~52.

3   馬海江, 1996, 「《論語》"師"字釋義: 兼談 "師"字及其詞義引申」, 『長春師院學報(社會科學版)』 1996年 第3期, 長春師範大學, pp. 53~56.

4   譚曉平·王娟, 2009, 「《論語》"殆"義辨析」, 『三峽大學學報(人文社會科學版)』第31卷, 三峽大學, pp. 92~93.

5   譚曉平·王娟, 2009, 「《論語》"殆"義辨析」, 『三峽大學學報(人文社會科學版)』第31卷, 三峽大學, pp. 92~93.

6   鄭濟洲·姬明華, 2016, 「教化卽爲政:《論語》"子奚不爲政"章辨義」, 『福建論壇(人文社會科學版)』 2016年 第12期, 福建社會科學院, pp. 104~109.

7   徐峰·馬廷中, 2013, 「《論語·八佾》篇 "易"字辨正」, 『長江師範學院學報』第29卷, 長江師範學院, pp. 64~69.

8   荻生徂徠, 『論語徵』 「八佾」.

9   曹倩倩, 2013, 「論《論語》中 "繪事後素"的內涵意蘊及其審美意義」, 『參花』 2013年 11月號, p. 19; 李尙儒, 2003, 「《論語》"素以爲絢", "繪事後素"新解」, 『理論學刊』第116卷, 中共山東省委黨校(山東行政學院), pp. 139~141.

10 周文, 2007, 「《論語·八佾》"哀公問社(主)"本字考」, 『古籍整理研究學刊』 2007年 第1期, 東北師範大學古籍整理研究所, pp. 39~41; 杜正乾, 2007, 「《論語·八佾》"哀公問社於宰我"辨析」, 『古籍整理研究學刊』 2007年 第1期, 東北師範大學古籍整理研究所, pp. 42~45.

11 石井英朗, 2013, 「共同體の自己規律としての『論語』」, 『研究東洋』第3卷, 東日本國際大學東洋思想研究所·儒學文化研究所, pp. 72~82; 馮浩菲, 2019, 『《論語》辨疑研究』, 上海古籍出版社; 李衡眉, 1992, 「《論語》"三歸"

另解」,『孔子研究』1992年 第3期, 中國孔子基金會, pp. 125~128; 耿振東, 2015,「主, 從文獻語境下的《論語》"三歸"」,『西南交通大學學報(社會科學版)』第16卷, 西南交通大學, pp. 57~61.

12 김영민, 2025,『논어번역비평』, 사회평론아카데미, 23장 '호문 구조의 번역' 참조.

13 王利明, 2014,「《論語》"造次必於是"解」,『戲劇之家』2014年 第10期, 湖北今古傳奇傳媒集團有限公司, pp. 351~352; 甘勇, 2012,「《論語》"造次必於是"新解」,『漢字文化』第107卷, 北京國際漢字研究會, pp. 72~73.

14 劉奕, 2015,「《論語》"未足與議也"解詁」,『上海大學學報(社會科學版)』第32卷, 上海大學, pp. 73~82.

15 張松輝·周曉露, 2006,『論語孟子疑義研究』, 湖南大學出版社, pp. 55~58.

16 李永, 2008,「《論語》"君子欲訥於言而敏於行"新詁」,『孔子研究』2008年 第5期, 中國孔子基金會, pp. 119~120.

17 錢玉趾, 2009,「《論語》"事君數","朋友數"新解」,『文史雜誌』第141卷, 四川省人民政府文史研究館; 四川省人民政府參事室, pp. 76~77.

18 侯乃峰, 2016,「《論語·公冶長》篇"雍也仁而不佞"章發微」,『孔子研究』2016年 第6期, 中國孔子基金會, pp. 57~60.

19 時金科, 2017,「《論語》中"說"字本義論析: 以《左傳》中"說"的用法倒推」,『河南科技大學學報(社會科學版)』第35卷, 河南科技大學, pp. 48~52.

20 張苗, 2008,「《論語》"無所取材"的"材"爲"木材"」,『江西金融職工大學學報』第21卷, 江西師範大學, pp. 287~288; 馮浩菲, 2019,『《論語》辨疑研究』, 上海古籍出版社; 周遠斌, 2006,「吐魯番唐寫孔氏本《論語》"道行, 乘桴於海"句淺證」,『岱宗學刊』第10卷, 泰安教育學院, pp. 23~24; 李亦凡, 2005,「《論語》"子曰道不行"新解」,『綏化學院學報』第25卷, 綏化學院, pp. 86~88; 李磊, 2014,「《論語·公冶長篇》"無所取材"本義考證」,『藝術科技』2014年 第9期, 浙江舞台設計研究院有限公司, p. 97; 孔漫春, 2015,「唐景龍四年寫本《論語鄭氏注》"道行, 乘於海"章辨析」,『貴州民族大學學報(哲學社會科學版)』第153卷, 貴州民族大學, pp. 56~61; 常彦, 2014,「《論語》"公冶長""雍也"篇疑義章句解讀」,『華南理工大學學報(社會科學版)』第16卷, 華南理工大學, pp. 46~52.

21 申緖璐, 2016,「《論語》"聞一知十"章再詮: 兼論孔子思想的德性之維」,『孔子研究』2016年 第2期, 中國孔子基金會, pp. 39~45; 劉強, 2016,「《論語》

주	的幽默」,『中華活頁文選(教師版)』2016年 第5期,中華書局有限公司,pp. 25~29; 馮浩菲, 2019,『《論語》辨疑研究』,上海古籍出版社.
22	程蒂, 2013,「《論語‧公冶長》篇疑難詞語劄記」,『湖北師範學院學報(哲學社會科學版)』第33卷, 湖北師範大學, pp. 62~64; 任仲書‧樊寧, 2013,「對《論語‧公冶長第五》中"加"字的釋義」,『渤海大學學報(哲學社會科學版)』2013年 第2期, 渤海大學, pp. 58~62.
23	蔣世鳳, 2017,「釋《論語‧公冶長》"久而敬之"」,『萍鄉學院學報』第34卷, 萍鄉學院, pp. 87~89.
24	劉世明‧張豔存, 2008,「淺說《論語》"未知,焉得仁"」,『文教資料』2008年 第1期, 南京師範大學, pp. 8~9.
25	馬昕‧董洪利, 2010,「《論語‧公冶長》"吾黨之小子狂簡"章新解」,『古籍整理研究學刊』2010年 第6期, 東北師範大學文學院古籍整理研究所, pp. 46~51; 常彥, 2014,「《論語》"公冶長""雍也"篇疑義章句解讀」,『華南理工大學學報(社會科學版)』第16卷, 華南理工大學, pp. 46~52.
26	馮浩菲, 2019,『《論語》辨疑研究』,上海古籍出版社; 程蒂, 2013,「《論語‧公冶長》篇疑難詞語劄記」,『湖北師範學院學報(哲學社會科學版)』第33卷, 湖北師範大學, pp. 62~64; 劉慶海, 2014,「試探《論語》"少者懷之"句之確詁」,『湖南廣播電視大學學報』2014年 第57期, 湖南開放大學, pp. 45~48; 連劭名, 2015,「《韓詩外傳》與《論語》」,『北京教育學院學報』第29卷, 北京教育學院, pp. 54~58.
27	畢寶魁, 2009,「《論語》"不有祝鮀之佞"章本義辨析」,『北京大學學報(哲學社會科學版)』第46卷, 北京大學, pp. 150~152.
28	劉永華, 2015,「《論語》"井有仁"條再考」,『語文建設』2015年 第36期, 語文出版社有限公司, pp. 75~76.
29	張沖, 2013,「《論語》"子見南子"章正詁」,『棗莊學院學報』第30卷, 棗莊學院, pp. 96~98; 徐前師, 2007,「《論語》"夫子矢之"之"矢"及相關問題」,『孔子研究』2007年 第5期, 中國孔子基金會, pp. 127~128.
30	楊普羅, 1994,「《論語‧雍也》"仁之方"新解」,『西北大學學報(哲學社會科學版)』第24卷, 西北大學, pp. 59~61.
31	馮浩菲, 2019,『《論語》辨疑研究』,上海古籍出版社.
32	楊逢彬, 2011,「《論語》"何有於我"解:兼論所謂"不難之詞"」,『武漢大學學報(人文科學版)』第64卷, 武漢大學, pp. 76~80.

33	黃克劍, 2012,「《論語·述而》"遊於藝"義趣辨正」,『哲學動態』2012年 第8期, 中國社會科學院哲學研究所, pp. 43~46.
34	趙華, 2017,「再說《論語·述而》中的"束脩"一詞」,『漢字文化』2017年 第16期, 北京國際漢字研究會, p. 79.
35	裴傳永, 2011,「《論語》"無違","執鞭之士"解詁」,『孔子研究』2011年 第6期, 中國孔子基金會, pp. 74~80.
36	魏冠東, 2010,「解讀《論語·述而》"夫子爲衛君"章」,『文教資料』2010年 第23期, 南京師範大學, pp. 4~6; 柯小剛, 2011,「《論語》"夫子不爲衛君"章的政治哲學解讀」,『同濟大學學報(社會科學版)』2011年 第1期, 同濟大學, pp. 70~76.
37	俞志慧, 2000,「《論語·述而》"加我數年, 五十以學易"章疏證」,『孔子研究』2000年 第3期, 中國孔子基金會, pp. 116~118.
38	李中生, 2003,「《論語》"子所雅言"章辯義」,『中山大學學報(社會科學版)』第43卷, 中山大學, pp. 78~81.
39	劉茜, 2008,「《論語》"子不語怪力亂神"新解」,『孔子研究』2008年 第3期, 中國孔子基金會, pp. 33~39; 李川, 2009,「《論語》"子不語怪力亂神"義疏」,『欽州學院學報』第24卷, 北部灣大學, pp. 18~25.
40	陳憲猷, 1988,「《論語》"師"字四例新解」,『華南師院學報(社會科學版)』1988年 第3期, 華南師範大學, pp. 66~67, p. 94.
41	馮浩菲, 2003,『《論語》辨疑研究』, 上海古籍出版社, 2019; 徐前師,「《論語·述而》"不保其往"辨」,『孔子研究』2003年 第1期, 中國孔子基金會, p. 117.
42	馮浩菲, 2019,『《論語》辨疑研究』, 上海古籍出版社; 俞志慧, 1999,「《論語·述而》"文莫吾猶人也"章商兌兼釋"廣莫","子莫"」,『紹興文理學院學報』第19卷, 紹興文理學院, pp. 24~28; 朱承平·趙瑜, 2004,「《論語·述而》"文莫"句詮證」,『廣州大學學報(社會科學版)』第3卷, 廣州大學, pp. 7~10.
43	王利剛, 2012,「"興, 何所興":《論語》文本中的"興"義探析」,『北京師範大學學報(哲學社會科學版)』第232卷, 北京師範大學, pp. 77~83.
44	衛彥慧, 2016,「《論語·泰伯》第三章探解」,『唐山師範學院學報』第38卷, 唐山師範學院, pp. 12~14; 劉珂·鐘雲瑞, 2016,「《論語》誤解辨正五則」,『焦作大學學報』2016年 第2期, 焦作大學, pp. 6~8.
45	梁濤, 2015,「《論語》"親親相隱"章新釋」,『中原文化研究』2015年 第6期, 河南省社會科學院, pp. 34~42; 馮浩菲, 2019,『《論語》辨疑研究』, 上

海古籍出版社; 陳樂平, 1997, 「試釋《論語》"民可使"章」, 『無錫教育學院學報』1997年 第4期, 江南大學, pp. 21~23; 陳金粟, 1984, 「是愚民, 民主還是教民:《論語》民可使由之不可使知之」, 『新疆師範大學學報(哲學社會科學版)』1984年 第1期, 新疆師範大學, pp. 158~163; 張剛, 2004, 「是"愚民"還是"民本":《論語》一則略考」, 『思想戰線』第30卷, 雲南大學, pp. 115~117; 傅晏風, 2009, 「《論語》"人","民"辨說: 兼評趙紀彬《論語新探·釋人民》」, 『重慶文理學院學報(社會科學版)』第28卷, 重慶文理學院, pp. 74~80; 安性栽, 2015, 「《論語》之修辭特徵分析: 以前十章爲例」, 『外國語文研究』第1卷, 華中師範大學, pp. 100~107; 張松輝·周曉露, 2006, 『論語孟子疑義研究』, 湖南大學出版社, pp. 106~109.

46　馮浩菲, 2019, 『《論語》辨疑研究』, 上海古籍出版社; 餘麗, 2014, 「《論語·泰伯》中"不至於穀"考釋辨析」, 『青島農業大學學報(社會科學版)』第26卷, 青島農業大學, pp. 85~87.

47　端木黎明·宋雅州, 1994, 「論《論語》"大哉堯之爲君"的眞義」, 『川東學刊(社會科學版)』第4卷, 四川文理學院, pp. 77~81; 荻生徂徠, 『論語徵』「泰伯」.

48　李如龍, 2016, 「孔子思想下的"子罕言利與命與仁"句的雙向闡釋: 以《論語》爲中心的探討」, 『江西廣播電視大學學報』2016年 第2期, 江西開放大學, pp. 35~39; 張之權, 2014, 「試析"子罕言利與命與仁"的正確解讀: 兼及《論語》利, 仁, 命, 與四字使用狀況」, 『湖北工業大學學報』第29卷, 湖北工業大學, pp. 100~106; 常佩雨, 2013, 「出土文獻孔子言論參照下的《論語》新解: 以《子罕》首章爲例」, 『湖北工程學院學報』第33卷, 湖北工程學院, pp. 33~40; 鐘倫守, 2003, 「《論語》"子罕言利, 與命與仁"新解」, 『當代電大』2003年 增刊, 四川廣播電視大學, pp. 28~29.

49　陳學慈, 2017, 「《論語》9.4章的標點錯誤及其修改」, 『文學教育』2017年 第10期, 武漢決策信息研究開發中心, pp. 122~124.

50　何孟傑·鄭育琛, 2005, 「"多"字的迷宮:《論語》一則探微」, 『湖南科技學院學報』第26卷, 湖南科技學院, pp. 134~136.

51　張松輝·周曉露, 2006, 『論語孟子疑義研究』, 湖南大學出版社, pp. 115~116.

52　連劭名, 2015, 「《韓詩外傳》與《論語》」, 『北京教育學院學報』第29卷, 北京教育學院, pp. 54~58.

53　楊逢彬, 2011, 「《論語》"何有於我"解: 兼論所謂"不難之詞"」, 『武漢大學學報(人文科學版)』第64卷, 武漢大學, pp. 76~80; 馮浩菲, 2019, 『《論語》辨疑研究』, 上海古籍出版社.

54 連劭名, 2015, 「《韓詩外傳》與《論語》」, 『北京教育學院學報』第29卷, 北京教育學院, pp. 54~58; 陳立勝, 2011, 「子在川上: 比德? 傷逝? 見道?:《論語》"逝者如斯夫"章的詮釋歷程與中國思想的"基調"」, 『中山大學學報(社會科學版)』第51卷, 中山大學, pp. 118~127.

55 馮浩菲, 2019, 『《論語》辨疑研究』, 上海古籍出版社.

56 張歡, 2016, 「《論語》中"謹""家"二字的釋義考證」, 『名作欣賞』2016年 第30期, 山西三晉報刊傳媒集團, pp. 70~71.

57 馮浩菲, 2019, 『《論語》辨疑研究』, 上海古籍出版社.

58 馮浩菲, 2019, 『《論語》辨疑研究』, 上海古籍出版社.

59 李春琪·關立新, 2017, 「《論語》同義詞辨析」, 『產業與科技論壇』2017年 第2期, 河北省科學技術協會, pp. 186~187.

60 荻生徂徠, 『論語徵』"鄉黨"; 王迪, 2014, 「淺論《論語》中關聯詞"雖"」, 『重慶三峽學院學報』第30卷, 重慶三峽學院, pp. 116~119.

61 周克庸, 2002, 「《論語·鄉黨》"寢不尸"訓解」, 『浙江廣播電視高等專科學校學報』2002年 第3期, 浙江傳媒學院, pp. 50~52.

62 馮浩菲, 2019, 『《論語》辨疑研究』, 上海古籍出版社; 畢寶魁, 2010, 「《論語·鄉黨》"色斯擧矣"節本義辨析」, 『瀋陽師範大學學報(社會科學版)』第34卷, 瀋陽師範大學, pp. 54~56; 徐前師, 2006, 「《論語》"色斯擧矣"新解」, 『語言研究』2006年 第4期, 華中科技大學 中國語言研究所, pp. 68~70; 陸巖軍, 2014, 「《論語》"色斯擧矣"章新解」, 『孔子研究』2014年 第2期, 中國孔子基金會, pp. 45~47; 廖名春, 2014, 「《論語·鄉黨》篇"色斯擧矣"新證: 兼釋帛書《五行》篇的"色然"」, 『四川大學學報(哲學社會科學版)』第194卷, 四川大學, pp. 5~11; 楊朝明, 2014, 「《論語·鄉黨》末章的意蘊」, 『燕山大學學報(哲學社會科學版)』第15卷, 燕山大學, pp. 1~3; 常彥, 2014, 「《論語》"色斯擧"章辨正」, 『唐山師範學院學報』第36卷, 唐山師範學院, pp. 27~29; 張松輝·周曉露, 2006, 『論語孟子疑義研究』, 湖南大學出版社, pp. 133~134.

63 崔海東, 2015, 「《論語》"吾從周","吾從先進"兩章舊詁辨誤」, 『江南大學學報(人文社會科學版)』第14卷, 江南大學, pp. 11~15.

64 馮浩菲, 2019, 『《論語》辨疑研究』, 上海古籍出版社.

65 李春琪·關立新, 2017, 「《論語》同義詞辨析」, 『產業與科技論壇』2017年 第

66	連劭名, 2015,「《韓詩外傳》與《論語》」,『北京教育學院學報』第29卷, 北京教育學院, pp. 54~58.
67	洪帥, 2009,「《論語·先進》"小子"到底指誰: 兼與陸忠發先生商榷」,『船山學刊』第73卷, 湖南省社會科學界聯合會, pp. 95~98; 馮浩菲, 2019,『《論語》辨疑研究』, 上海古籍出版社.
68	武道房, 2008,「思想史視野中顏回形象的變遷: 以《論語》"屢空"句的詮釋史爲例」,『孔子研究』2008年 第3期, 中國孔子基金會, pp. 105~115; 馮浩菲, 2019,『《論語》辨疑研究』, 上海古籍出版社.
69	馮浩菲, 2019,『《論語》辨疑研究』, 上海古籍出版社.
70	陳士銀, 2016,「《論語》中的"風乎舞雩"」,『文史知識』2016年 第6期, pp. 122~127; 陳洪杏, 2016,「《論語·先進》"侍坐"章"與點"義趣辨微: 以近代以來《論語》注疏爲中心」,『福州大學學報(哲學社會科學版)』第133卷, 福州大學, pp. 70~74; 楊樹森, 2000,「《論語·先進》"侍坐"章辨疑兩則」,『孔子研究』2000年 第5期, 中國孔子基金會, pp. 107~113; 呂傑, 2014,「《論語》"以吾一日長乎爾毋吾以也"解詁」,『語文建設』2014年 第3期, 語文出版社有限公司, pp. 69~70; 楊義, 2015,「《論語》章節編年與生命認證」,『文學遺產』2015年 第4期, 中國社會科學院文學研究所, pp. 14~23; 張松輝·周曉露, 2006,『論語孟子疑義研究』, 湖南大學出版社, pp. 135~138.
71	郭勝團·葛志毅, 2013,「《論語·顏淵》"克己復禮"章辨析:《論語》及孔子思想研究之一」,『管子學刊』2013年 第1期, 山東理工大學, pp. 103~110.
72	張歡, 2016,「《論語》中"謹""家"二字的釋義考證」,『名作欣賞』2016年 第30期, 山西三晉報刊傳媒集團, pp. 70~71.
73	馮浩菲, 2019,『《論語》辨疑研究』, 上海古籍出版社.
74	黃忠晶, 2007,「也釋《論語》"民無信不立": 兼評徐復觀的有關論述」,『淮北師範大學學報(哲學社會科學版)』第28卷, 淮北師範大學, pp. 29~33.
75	馮浩菲, 2019,『《論語》辨疑研究』, 上海古籍出版社.
76	張琴, 2014,「《論語》"誠不以富, 亦祇以異"非錯簡說」,『蘇州大學學報(哲學社會科學版)』2014年 第3期, 蘇州大學, pp. 57~62.
77	寧全紅, 2015,「《論語·顏淵》"聽訟"章新解」,『孔子研究』2015年 第2期, 中國孔子基金會, pp. 59~63; 張詒三, 2008,「《論語》"片言可以折獄"考辨」,『孔子研究』2008年 第5期, 中國孔子基金會, pp. 117~118; 趙宗乙, 2011,

「"片言","正名"正解: 讀《論語》劄記二則」,『泉州師範學院學報』第29卷, 泉州師範學院, pp. 65~68.

78 김영민, 2025,『배움의 기쁨』, 사회평론아카데미, 17장 참조.

79 김영민, 2025,『배움의 기쁨』, 사회평론아카데미, 13장 참조.

80 趙宗乙, 2011,「"片言","正名"正解: 讀《論語》劄記二則」,『泉州師範學院學報』第29卷, 泉州師範學院, pp. 65~68.

81 張松輝·周曉露, 2006,『論語孟子疑義研究』, 湖南大學出版社, pp. 160~162.

82 張松輝·周曉露, 2006,『論語孟子疑義研究』, 湖南大學出版社, pp. 171~172.

83 馮浩菲, 2019,『《論語》辨疑研究』, 上海古籍出版社.

84 張松輝·周曉露, 2006,『論語孟子疑義研究』, 湖南大學出版社, pp. 180~182.

85 姚小鷗·王克家, 2008,「《論語·憲問》篇"駢邑三百"解」,『北方論叢』第211卷, 哈爾濱師範大學, pp. 4~6.

86 馮浩菲, 2019,『《論語》辨疑研究』, 上海古籍出版社.

87 馮浩菲, 2019,『《論語》辨疑研究』, 上海古籍出版社; 王世巍, 2015,「學界對《論語》"如其仁"的誤讀」,『湖北工程學院學報』第35卷, 湖北工程學院, pp. 45~48.

88 張松輝·周曉露, 2006,『論語孟子疑義研究』, 湖南大學出版社, pp. 183~186.

89 馮浩菲, 2019,『《論語》辨疑研究』, 上海古籍出版社; 連劭名, 2015,「《韓詩外傳》與《論詒》」,『北京教育學院學報』第29卷, 北京教育學院, pp. 54~58.

90 陳憲猷, 1988,「《論語》"師"字四例新解」,『華南師範大學學報(社會科學版)』1988年 第3期, 華南師範大學, pp. 66~67, p. 94.

91 馮浩菲, 2019,『《論語》辨疑研究』, 上海古籍出版社.

92 張松輝·周曉露, 2006,『論語孟子疑義研究』, 湖南大學出版社, pp. 204~208; 龐光華, 2017,「《論語》"有教無類"新解」,『古籍整理研究學刊』2017年 第1期, 東北師範大學文學院古籍整理研究所, pp. 56~59.

93 "無乃爾是過與"에 대해서는 馮浩菲, 2019,『《論語》辨疑研究』, 上海古籍出版社. "均無貧"에 대해서는 王錚, 1997,「《論語·季氏》"均無貧"本意辨析」,『求是學刊』1997年 第6期, 黑龍江大學, pp. 98~99. "蕭牆之內"에 대해서는 陳世鐘, 1994,「《論語》"蕭牆之內"辨義」,『孔子研究』1994年 第1期, 中

	國孔子基金會, pp. 115~120. "不患寡而患不均"에 대해서는 楊逢彬·陳建棟, 2014, 「《論語》"不患寡而患不均"解」, 『武漢大學學報(人文科學版)』第67卷, 武漢大學, pp. 71~72.
94	張松輝·周曉露, 2006, 『論語孟子疑義研究』, 湖南大學出版社, pp. 209~211.
95	唐孝贇, 2015, 「《論語》"戒之在色"之"色"字新解」, 『青年文學家』2016年 第24期, 黑龍江省文學藝術界聯合會, pp. 109~111.
96	廖名春, 2011, 「《論語》"君子有三畏"章新釋」, 『孔子研究』2011年 第6期, 中國孔子基金會, pp. 68~73.
97	嚴旭, 2014, 「《論語》語典"堅白", "磷緇"考」, 『金田』2014年 第12期, pp. 70~72.
98	張世珍, 2016, 「《論語》"簺"字考辨」, 『莆田學院學報』第23卷, 莆田學院, pp. 70~73.
99	薛克謬, 1997, 「《論語》"患得之"解」, 『河北大學學報(哲學社會科學版)』第22卷, 河北大學, pp. 57~61, p. 124.
100	張松輝·周曉露, 2006, 『論語孟子疑義研究』, 湖南大學出版社, pp. 221~224.
101	楊逢彬, 2015, 「《論語》"齊景公待孔子曰"章兩歧義解疑: 兼談"審句例"」, 『國學學刊』2015年 第3期, 中國人民大學, pp. 54~58, p. 142.
102	張兵, 1991, 「《論語·微子》中的"接輿歌而過"辨析」, 『漢中師院學報(哲學社會科學版)』1991年 第4期, 陝西理工大學, p. 44, pp. 51~53.
103	張黶存·於向輝, 2014, 「論《論語·微子》中"四體不勤, 五穀不分"的涵義」, 『網友世界』2014年 第16期, p. 152.
104	한경숙, 2013, 「『論語』前置 목적어구 의미구조 고찰」, 『중국문학연구』제52권, 한국중문학회, pp. 77~112.
105	馮浩菲, 2019, 『《論語》辨疑研究』, 上海古籍出版社.
106	陳憲猷, 1988, 「《論語》"師"字四例新解」, 『華南師範大學學報(社會科學版)』1988年 第3期, 華南師範大學, pp. 66~67, p. 94.
107	馮浩菲, 2019, 『《論語》辨疑研究』, 上海古籍出版社.
108	馮浩菲, 2019, 『《論語》辨疑研究』, 上海古籍出版社.
109	張歡, 2016, 「《論語》中"謹""家"二字的釋義考證」, 『名作欣賞』2016年 第30期, 山西三晉報刊傳媒集團, pp. 70~71.

찾아보기

ㄱ

가난/가난함[貧] 35, 61, 113, 191, 218, 225
가르침/가르치다[敎] 45, 75, 91, 96, 97, 102, 107, 178, 186, 220, 231
가신 73, 124, 161, 168, 169, 191, 195, 225, 226, 234
간干(인명) 253
간공簡公 196
강자康子 → 계강자 195
거문고 151, 156, 242
거백옥蘧伯玉 197, 198, 210
거보莒父 181
걸닉桀溺 202, 250
걸왕桀王 268
검소[儉] 49, 56, 108, 120
겉모습[色] 31, 80, 153, 241
결缺(인명) 253
겸양[讓] 63
경卿 134
경공景公 165, 231, 248, 249
경대부 160, 168, 169
계강자季康子 24, 44, 86, 87, 140, 148, 167, 195
계로季路 → 자로/중유/유由 23, 43, 80, 146, 224, 225
계문자季文子 24, 78, 227
계손씨季孫氏 → 계씨 21, 22, 48, 78, 196, 201, 224, 225, 227

계수季隨 254
계씨季氏 → 계손씨 48~50, 87, 152, 154, 174, 179, 224, 225, 234, 248, 249
계와季騧 254
계자연季子然 24, 154, 155
계환자季桓子 24, 227, 236, 249
고觚 92
고공단보古公亶父 → 태왕 25, 110
고시高柴 → 자고/시柴 21, 155
고요皐陶 116, 170
고전 5, 6, 8, 9, 10, 15
고종高宗(은나라 군주) 203, 204
고죽국孤竹國 79
곧다/곧음/곧은 것[直] 91, 110, 115, 168, 181, 201, 210, 216, 238, 245, 248
곧은 사람[直] 44, 170, 181, 227
공卿公卿 126
공경[弟] 30, 182
공경[敬] 31, 40, 44, 58, 65, 76, 84, 91, 151, 162, 176, 204, 218, 220, 230, 256
공경하다/삼가다[蹴躇] 134, 135
공구孔丘 → 공자 250
공리孔鯉 → 백어/리鯉 20, 148
공명가公明賈 192
공문십철孔門十哲 20~23
공문자孔文子 → 중숙어 26, 75, 76, 195

주

공백료公伯寮 21, 201, 202
공산불요公山弗擾 25, 236
공산씨公山氏 236
공서적公西赤 → 공서화/자화/적赤 21, 73, 85, 107, 153, 155
공서화公西華 → 공서적/자화/적赤 73, 107, 153, 155, 156
공 선생님 → 공자 202
공손[恭] 32, 33, 76, 80, 108, 110, 135, 136, 162, 182, 205, 209, 230, 236, 264
공손조公孫朝 262
공숙문자公叔文子 192, 195
공야장公冶長 20, 21, 70
공자孔子 9, 10, 16, 18~24, 30~33, 39, 40, 41, 43, 45, 49, 53~55, 57, 70, 72, 73, 84, 85, 87, 89, 101, 103, 105, 106, 120, 122, 125, 146~148, 155, 161, 165, 167~169, 180, 181, 188, 189, 196, 200, 201, 205, 208, 231, 234, 239, 242, 248, 249, 250, 262
공자公子 27, 90, 177, 194
『공자가어孔子家語』 210
공작公綽 → 맹공작 192
「관저關雎」 55, 115
관중管仲 27, 56, 191, 193, 194
광匡 121, 154
굉요閎夭 116
교만[驕] 35, 113, 185, 191, 228, 269, 270
교묘[巧] 31, 80, 217, 241

구丘 → 공구/공자/중니 20, 200
구求 → 염구/염유 22, 73, 87, 152~157, 224, 225
『국어國語』 80
「국풍國風」 115, 212, 239
군사(군대)에 관한 일 72, 195, 208
군자君子 30, 32, 35, 42, 50, 57, 61, 64, 67, 70, 85, 89, 90, 93, 103, 106~108, 110, 111, 122, 125, 136, 146, 153, 156, 161~163, 167, 171, 175, 184, 185, 189, 190, 197~199, 204, 208, 210, 214, 215, 218~220, 224, 228~231, 235, 237, 243, 244, 252, 253, 256~258, 262, 264, 269~271
군자다운 사람[君子人] 112
군자의 덕[君子之德] 168
군자의 도[君子之道] 76, 259
군주 24, 26, 32, 49, 54~56, 67, 77, 84, 100, 105, 134, 135, 140, 141, 154~156, 164, 165, 174, 179, 180, 182, 193, 195~197, 203, 204, 209, 220, 227, 232, 239, 240, 248, 253
굽은 사람[枉] 44, 170
궐당闕黨 205
귀신[鬼/鬼神] 46, 91, 102, 150
규圭 27, 136
규紏 194
극자성棘子成 163
근본[本] 30, 49, 50, 259
금뢰琴牢 → 뢰牢/자개/자장 21, 122

기杞나라 51
기자箕子 248

ㄴ

나라 33, 63, 70, 77, 78, 114, 138, 140,
142, 157, 178~180, 188, 193,
195, 210, 212, 225, 226, 234,
236, 242, 248, 264, 268
나례儺禮 139
남궁경숙南宮敬叔 → 남궁괄/남용 21,
39, 70
남궁괄南宮适 → 남궁경숙/남용 21,
116, 147, 189
남면南面 209
남용南容 → 남궁경숙/남궁괄 21, 70,
147, 189
남자南子 26, 93
널리 배우다[博學] 93, 120, 166, 257
노공魯公 → 백금 25, 253
노魯나라 20, 24, 30, 31, 39~41, 43,
44, 48~50, 53~55, 57, 70, 72,
73, 77~80, 84~87, 89, 92, 105,
106, 111, 115, 125, 148, 150, 152,
154, 164, 167, 174, 177, 180,
191~193, 195, 196, 201, 205,
213, 224~227, 234, 236, 242,
249, 250, 253, 261, 263
「노송魯頌」 38, 125
『노자老子』 201
노팽老彭 96
녹[穀] 188
녹祿(작록을 주는 권리) 226
녹봉 218, 220

『논어』 6~11, 15~17, 19
『논어란 무엇인가』 8
『논어번역비평』 7, 15, 273
농사 175, 176, 189, 218

ㄷ

달통 87, 94
달항 120
담대멸명澹臺滅明 89
대부大夫 39, 40, 44, 48, 50, 53, 70, 72,
73, 75~78, 86, 87, 89, 90,
96, 101, 111, 148, 152, 163, 167,
168, 174, 179, 181, 191~198,
201, 210, 212, 213, 224~227,
234, 237, 249, 261~263
상대부上大夫 134
하대부下大夫 134
대신大臣 154, 253
「대아大雅」 125, 147
덕德 33, 38, 63, 67, 70, 94, 96, 97, 103,
110, 117, 126, 164, 165,
169, 183, 189, 200, 201, 209,
213, 217, 231, 240, 249, 256, 259
군자의 덕 168
소인의 덕 168
도道 30, 34, 35, 54, 57, 61, 62, 64, 65,
70, 72, 78, 88, 90, 92, 93, 97, 111,
114, 129, 130, 152, 154, 166,
168, 184, 185, 188, 199, 201,
202, 210, 216~218, 220, 221,
226, 230, 235, 248, 251, 252,
256~259, 261, 262, 263
군자의 도[君子之道] 76, 259

선왕의 도[先王之道] 34
옛 도[古之道] 54
작은 도[小道] 257
도량형 268
동쪽의 주나라[東周] 236
등滕나라 191
뜻[志] 34, 39, 60, 62, 80, 97, 114, 156, 157, 209, 210, 230, 252

ㄹ, ㅁ

뢰牢 → 금뢰/자개/자장 122
리鯉 → 공리/백어 148
리履 → 탕임금 268
마융馬融 85
마음[心] 39, 203, 244, 268
맹경자孟敬子 25, 111
맹공작孟公綽 191, 192
맹무백孟武伯 21, 25, 40, 72, 111
맹손/맹손씨/맹씨 → 중손씨 39, 48, 111, 196, 227, 249, 261
맹의자孟懿子 25, 39, 40
맹장자孟莊子 261
맹지반孟之反 89
면冕(인명) 221
무武(인명) 243
무마기巫馬期 105
무성武城 89, 235
무악武樂 58
무왕武王(주나라) 25, 58, 79, 97, 116, 262, 263, 268
무우舞雩 156, 157, 169
「무일無逸」 204
무정武丁 → 고종 203

문文(시호) 75, 76, 195
문공文公(진晉나라) 27, 193
문명국 49
문수汶水 87
문왕文王(주나라) 25, 97, 116, 121, 262, 263
문인門人 64, 96, 124, 149, 151, 256
미덥다[信] 115, 182, 210
미생고微生高 79
미생무微生畝 200
미자微子 → 민자건 248
미혹/미혹됨/미혹되다[惑] 39, 130, 165, 169, 201
민자閔子 150
민자건閔子騫 87, 146, 147, 150
믿음/믿음직함/믿음직스럽다[信] 31~33, 45, 81, 103, 114, 129, 164, 176, 214, 236, 238, 258, 269

ㅂ

바탕[質] 90, 163, 164, 168, 214
방숙方叔 253
방읍防邑 193
배움/배우다[學] 30, 32, 33, 35, 39, 42, 43, 76, 96, 107, 114, 115, 130, 155, 156, 197, 208, 218, 229, 231, 235, 238, 258, 260, 262, 263
배움을 좋아하다[好學] 81, 84, 114, 148, 238, 257
『배움의 기쁨』 8, 15, 17, 272
백관百官 204

백괄伯适 254
「백규白圭」→『시경』 147
백금伯禽 → 노공 25, 253
백달伯達 254
백성百姓 164, 204, 205, 268
백씨伯氏 191
백어伯魚 → 공리/리鯉 148, 231, 239
백우伯牛 → 염백우 22, 87, 146
백이伯夷 79, 100, 202, 231, 252
백익伯益 116
번수樊須 → 번지 176
번지樊遲 39, 91, 169, 170, 175, 176, 182
벗삼다/벗하다[友] 33, 80, 129, 212, 227
벼슬길/벼슬(하다) 77, 105, 114, 115, 121, 160, 168, 210, 224, 251, 252, 260
변장자卞莊子 192
복부제宓不齊 → 복자천/자천 22
복상卜商 → 자하/상 22
복자천宓子賤 → 자천 22, 70
복중 44, 176, 225
복희伏羲 123
본성 234
봉록 268
봉황(새) 123, 249
부富/부귀富貴 99, 114, 162
부끄러움/부끄러워하다[恥] 38, 62, 66, 76, 80, 182, 188, 196
부모/어버이 30, 32, 39, 40, 65, 66, 110, 147, 169, 243, 248, 251
부유 35, 61, 101, 152, 178, 191, 268
북극성[北辰] 38

불손 108, 245
붕우 30, 31, 32, 67, 80, 142, 185
비費(지명) 87, 155, 224, 236
비간比干 248
비침裨諶 190
빈객賓客 73, 134, 135, 195

ㅅ
사師 151, 152
사社 55
사士 62, 112, 168, 182, 185, 188, 212, 250, 254, 256
사賜 → 자공 36, 54, 75, 86, 87, 152, 199, 208, 244
사구司寇 54
『사기史記』 19, 89, 113
사람됨[爲人] 30, 101
사마경司馬耕 → 사마우/자우 22
사마우司馬牛 22, 161, 162
사마천司馬遷 79, 103
사사士師 248, 261
사신使臣 176, 182, 190
사어史魚 → 시추 26, 201
사직 155, 224
사추史鰌 26, 210
사패史敗 105
산의생散宜生 116
삼參 → 증삼/증자 64, 152
삼년상 243
삼환(씨)三桓(氏) 20, 227
상商 → 자하 22, 50, 151
상喪/상례/상사 49, 58, 98, 243, 256, 260, 268

상대부 134
「상송(商頌)」125
생각[思] 38, 42, 43, 78, 168, 198, 218, 230, 256, 257
서恕 216
『서書』101, 45, 155, 203
『서경書經』→『서書』1123, 155, 203, 204
　「무일無逸」204
서구 문명 9
석문石門 202
선僎 195
선왕先王 34, 223
설契 116
설薛나라 191
섬기다[事] 32, 55, 67, 79, 126, 150, 154, 184, 185, 197, 212, 220, 239, 248
섭공葉公 27, 101, 181
성聖 94
성性/본성 75, 234
성왕成王(주나라) 97
성인聖人 9, 103, 121, 122, 123, 153, 229, 259
성인됨[聖] 107
세도(가) 111, 159, 191, 227
세련된 표현(양식)[文] 32, 53, 75, 79, 90, 93, 103, 106, 116, 121, 124, 163, 164, 166, 171, 192
세숙世叔 190
소강少康 189
소공昭公 105, 106, 227
「소공昭公 7년」→『좌전』39

소공석召公奭 116
「소남召南」→『시경』239
소련少連 202, 252
소민小旻 111
「소아小雅」→『시경』111, 125, 165, 211
소악韶樂/소韶 58, 100
소인小人 42, 63, 64, 89, 108, 167, 168, 176, 182, 184, 185, 190, 197, 208, 215, 219, 229, 235, 240, 244, 245, 258
소홀召忽 194
송頌 →『시경』「노송」,「상송」125
송宋나라 27, 51, 90, 103, 161
수양산 79, 231
숙량흘叔梁紇 53
숙손무숙叔孫武叔 263, 264
숙손씨叔孫氏 48, 196, 227
숙야叔夜 254
숙제叔齊 79, 100, 202, 231, 252
숙하叔夏 254
순舜임금 58, 94, 100, 115, 116, 170, 205, 209, 212, 268
시柴 → 고시/자고 21, 152
『시詩』36, 38, 101, 110, 113, 147, 176, 231, 238
『시경詩經』→『시詩』48, 51, 55, 111, 115, 125, 130, 147, 165, 203, 211, 212, 231, 239
　「국풍國風」115, 212, 239
　「국풍國風」'관저關雎' 115
　「국풍國風」'주남周南' 55, 239
　「국풍國風」'소남召南' 239

「노송魯頌」 125
「대아大雅」 125
「소아小雅」 125
「상송商頌」 125
「위풍衛風」 51, 203
「위풍衛風」 '기욱淇奧' 36
「주송周頌」 125
「주송周頌」 '옹雍' 48
「패풍邶風」 '웅치雄雉' 130
식록食祿 218, 220
신神 52, 55
신뢰[信] 80, 163
신정申棖 22, 74
신하[臣] 54, 55, 116, 141, 155, 165, 180, 192, 209, 224, 261, 268

ㅇ
아雅 → 『시경』 「소아」, 「대아」 125
아는 것/아는 일/안다는 것[知] 43, 91, 104, 122, 170
아버지/아비 34, 53, 65, 148, 149, 155, 165, 181, 231, 239, 261
아악雅樂 242
악樂 60, 169, 262
안로顔路 22, 148
안무요顔無繇 → 안로 22
안색[色/顔色] 40, 111, 134, 135, 136, 142, 143, 168, 202, 228, 230, 240
안연顔淵 → 회回(안회) 22, 41, 80, 98, 123, 127, 146, 148, 149, 154, 160, 212
안평중晏平仲 76

안회顔回 → 회回(안연) 22, 73, 80, 84, 86, 88, 98, 123, 127, 147, 148, 152
알아주다[知] 30, 36, 64, 156, 195, 199, 201, 203, 214
앎[知] 192, 245
애공哀公 24, 50, 56, 84, 176, 215, 219, 221, 234
양襄(인명) 253
양陽(인명) 253
양공襄公 194
양부陽膚 261
양호陽虎 → 양화 234, 236
양화陽貨 25, 234, 236
어버이 110, 261
언偃 → 언언/언유/자유子游 22, 235
언어 6, 8, 16
언언言偃 → 언偃/언유/자유子游 22, 67, 89, 259
언유言游 → 언偃/언언/자유子游 259
여旅 제사 49, 50
염경冉耕 → 염백우/백우 22
염구冉求 → 염유/염자 22, 85, 87, 88, 152~155, 192
염백우冉伯牛 → 백우 22, 146
염옹冉雍 → 옹雍/중궁 22, 84, 86
염유冉有 → 염구/염자 22, 49, 50, 73, 100, 146, 150, 153~156, 178, 179, 192, 224, 225
염자冉子 22, 49, 73, 85
영공靈公 26, 93, 195, 208
영공榮公 116
영무자甯武子 78

영윤令尹 77
예羿 189
예禮 34, 36, 38, 39, 46, 48~51,
　53~56, 58, 63, 93, 97, 101, 105,
　106, 110, 111, 113, 120, 124,
　136, 141~143, 157, 160, 162,
　166, 176, 204, 209, 214, 218,
　231, 239, 243, 271
예악禮樂 146, 156, 175, 192, 226, 228
옛 도古之道 54
오昇 189
오吳나라 40, 106, 208
오랑캐 49, 125, 182, 194, 210
오맹자吳孟子 106
옥사獄事 165
올바름/올바르다[義] 35, 46, 63, 64,
　76, 91, 96, 101, 165, 168, 176,
　192, 214, 230
옳음/옳다[義] 193, 244, 256
옹雍 48
옹雍 → 염옹/중궁 22, 71, 84
왕손가王孫賈 26, 52, 195
왕필王弼 202
외교 156, 157, 190
요繚 253
요堯임금 94, 116, 205, 268
용감한/용기가 있는 사람[勇者] 130,
　189, 199
용기 46, 113, 156, 192, 238, 245
용맹 244
우禹 116
『우리가 간신히 희망할 수 있는 것』 8
우애 45

우禹임금 51, 115, 117, 189, 268
우중虞仲 25, 202, 252
우직함 78
운명 78, 110, 152, 191, 192
원망 63, 65, 79, 80, 100, 160, 161,
　188, 191, 201, 213, 238, 245,
　253, 269, 270
원사原思 → 자사 23, 85, 86, 188
원양原壤 205
원한[怨] 200, 201
원헌原憲 → 헌憲 23, 188
위衛나라 26, 32, 33, 52, 57, 75, 78,
　90, 93, 100, 122, 125, 163, 174,
　177, 178, 192, 195, 197, 203,
　208, 210, 262
위씨魏氏 191
위엄 32, 44, 48, 108, 269, 270
「위풍衛風」→『시경』 51, 203
윗사람 20, 66, 166, 172, 194, 234
유由 → 중유/자로/계로 23, 43, 72,
　86, 124, 129, 150~155, 166,
　175, 209, 225, 238
유비孺悲 242
유약有若 → 유자有子 23, 30, 164
유자有子 30, 34, 35, 164
유하혜柳下惠 25, 202, 213, 248, 252
은殷나라 46, 51, 53, 55, 79, 96, 117,
　203, 212, 216, 248, 262
은자隱者 250, 251, 252
음악 48, 57, 58, 100, 113, 125, 212,
　239, 242, 243
읍강邑姜 116
읍재 85, 87, 89, 155, 174, 181, 235

의儀(지명) 57
의봉인儀封人 202
이름[名] 61, 116, 120, 175, 215, 239
이윤伊尹 170
이일夷逸 202, 252
익히다[習] 30, 31
인仁 30, 48, 60~62, 71~73, 77, 78, 86,
　　91, 92, 94, 97, 100, 105, 107, 110,
　　112, 120, 160, 161, 168, 170, 171,
　　179, 182, 185, 188~190, 194,
　　211, 218, 219, 234, 236, 238,
　　243, 257, 260, 270
인仁한 사람[仁者] 31, 32, 60, 91~93,
　　130, 161, 189, 190, 194, 199, 211,
　　212, 241, 248, 268
임금 51, 106, 112, 165, 189
임금됨[爲君] 116
임방林放 49, 50

ㅈ
자개子開 → 뢰牢 122
자개子開 → 칠조개 24
자고子羔 → 고시/시柴 152, 155
자공子貢 → 사賜 33, 35, 36, 42, 54,
　　71, 73, 75, 86, 94, 100, 121, 122,
　　125, 146, 150~152, 163, 171,
　　182, 199, 201, 208, 211, 216,
　　242, 244, 262~264
자금子禽 → 진자금/진항 24, 33, 231
자로子路 → 계로/중유/유由 23, 43,
　　72, 75, 80, 86, 93, 98, 101, 107,
　　124, 129, 143, 150~156, 166,
　　174, 175, 185, 192, 194, 197, 201,
　　202, 204, 208, 209, 224, 225,
　　236~238, 244, 250, 251
자문子文 77
자복경백子服景伯 201, 263
자본주의 9
자사子思 → 원사/원헌/헌憲 23, 85
자산子産 26, 76, 190, 191
자상백자子桑伯子 84
자서子西 191
자석子晳 → 증석/점 24
자아子我(인명) → 재아/재여 23
자애로움(慈) 45
자약子若 → 칠조개 24
자여子輿 → 증삼/증자/삼參 23, 30
자우子羽 89, 190
자유子有 → 유자 23, 30
자유子有 → 염유 22, 49
자유子游 → 언偃/언언/언유 21, 22, 40,
　　67, 89, 146, 235, 259, 260
자장子長 → 공야장 21
자장子張 (전손사顓孫師) → 사師 23, 43,
　　46, 77, 151, 152, 153, 162, 164,
　　166, 168, 203, 209, 210, 236,
　　256, 260, 269, 270
자장子張 (금뢰琴牢) → 뢰牢 21, 122
자주子周 → 신정 22
자천子賤 22, 70
자하子夏 → 복상/상 22, 32, 40, 50,
　　89, 146, 151, 162, 170, 181,
　　256~260
자화子華 → 공서화/공서적/적赤 73,
　　85
장님 123, 142, 221

장례/장사(지내다)[葬] 33, 34, 124, 126, 149, 261
장무중臧武仲 192, 193
장문중臧文仲 77, 213
장인丈人 202
장저長沮 202, 250
재아宰我 23, 55, 74, 93, 146, 243
재여宰予 → 재아 23, 74, 93
적赤 → 공서적/공서화/자화 773, 85, 156, 157
전손사顓孫師 → 사師/자장 23, 43
전유顓臾 224, 225
점點 → 증석/증점 156
접여接輿 202, 249
정공定公 24, 44, 180, 227
정鄭나라 26, 76, 190, 191, 212, 242
정사[政] 86, 87, 114, 146, 176, 179, 183, 198, 204, 234, 249, 261, 268, 269
정자산鄭子産 → 자산 76
정치 33, 38, 45, 77, 163, 164, 165, 166, 167, 168, 174, 177, 181, 226, 227
정풍 212
제齊나라 26, 39, 56, 70, 76, 77, 85, 87, 92, 100, 165, 191, 193, 194, 196, 231, 248, 249, 253
제사(제례) 33, 39, 46, 48, 52, 71, 92, 99, 138, 139, 141, 142, 156, 157, 160, 208, 256, 268
제자 19~24, 30~33, 39, 40, 41, 43, 49, 55, 57, 70, 72, 73, 84~87, 89, 105, 107, 110, 111, 120, 122, 146, 148, 152, 155, 161, 188, 201, 231, 235, 238, 261

제후 48, 49, 136, 157, 194, 226
제후국 31, 72, 73, 156, 160, 168, 191
조朝(인명) 90
조간자趙簡子 237
조상(신) 33, 52, 117, 140
조씨趙氏(진晉나라 대부) 191
조정朝廷 73, 134, 137, 140, 179, 195, 196, 213, 263
조화[和] 34, 57, 184, 264
종묘 71, 90, 134, 156, 157, 195, 263
좌구명左丘明 25, 80
『좌전左傳』 39, 80, 161
  「소공昭公 7년」 39
  「희공僖公 33년」 161
주공周公 25, 53, 97, 113, 152, 253
주공단周公旦 116
주周나라 46, 51, 53, 55, 58, 79, 97, 110, 116, 117, 164, 189, 212, 216, 224, 236, 254, 268
  동쪽의 주나라[東周] 236
『주역周易』 101, 184, 198
주왕紂王(주紂임금) 248, 262
주임周任 224
주장朱張 202, 252
주희朱熹 18, 84, 110, 147, 208
죽음 33, 150, 165, 189
중궁仲弓 → 염옹/옹 23, 84, 86, 146, 160, 161, 174
중니 → 구丘/공구/공자 262~264
중돌仲突 254
중모(中牟) 237

중손씨仲孫氏 → 맹손/맹손씨/맹씨 111, 227
중숙어仲叔圉(공어孔圉) → 공문자 75, 195
중용中庸 94
『중용中庸』 94
중유仲由 → 계로/유由/자로 23, 86, 98, 154, 155, 250
중홀仲忽 254
즐거움/즐거워하다/즐겁다[樂] 30, 55, 60, 88, 91, 92, 101, 150, 193, 228, 243
증삼曾參 → 삼參/증자 23, 152, 155
증석曾晳 155~157
증자曾子 → 증삼/삼參 23, 331, 33, 64, 110~112, 171, 198, 260, 261
지摯(인명) 115, 253
지역[鄕黨/黨] 134, 240
지역 사람(들)[鄕人/鄕黨] 86, 139, 182, 184
지혜[知] 60, 77, 78, 218, 234, 238, 264
지혜로운 사람[知者] 60, 92, 130, 199, 211, 235
직稷 → 후직 116, 189
진秦나라 254
진晉나라 191, 193, 237
진陳나라 33, 43, 79, 105, 146, 208
진문자陳文子 78
진성자陳成子 197
진자금陳子禽 → 자금/진항陳亢 264
진항陳恒 → 진성자 196
진항陳亢 → 자금/진자금 24, 231

ㅊ

채蔡나라 146, 253
채읍采邑 85
천도天道 75
천리마 200
천명天命 39, 152, 229, 2710
천자天子 48, 226
천하天下 557, 63, 110, 114, 115, 116, 160, 170, 189, 194, 226, 250, 262
철법徹法 164
체禘 제사 51, 52
초광접여楚狂接輿 → 접여 202
초楚나라 27, 77, 101, 105, 181, 249, 253
총재冢宰 204
최자崔子 77
추읍鄹邑 20, 53
축관祝官 90, 195
춘추시대春秋時代 80, 193
춘추오패春秋五覇 193
춘추전국시대春秋戰國時代 17
『춘추좌씨전春秋左氏傳』→『좌전』 80
충성/충심[忠] 33, 44, 45, 55, 129, 164, 166, 171, 182, 190, 210, 230
충성스러움/충성스럽다[忠] 64, 77, 81, 103
친구 110, 112, 171, 205, 227, 228, 253, 260
칠십이현七十二賢 20
칠조개漆雕開 24, 72
칠조계漆雕啓 → 칠조개 24

ㅌ
타鮀 26, 90, 195
탕湯임금 51, 170, 268
태공망太公望 116
태묘大廟 53, 141
태백泰伯 25, 101, 252
태사太姒 116
태산泰山 49, 50
태왕太王 25, 110
태재大宰 121, 122
태전太顚 116

ㅍ
팔일무八佾舞 48
패자霸者 194
포함包咸 85
피치자[民] 31, 33, 38, 44, 55, 76, 84, 91, 94, 110, 113, 116, 156, 160, 163, 168, 175, 176, 186, 194, 204, 216, 218, 219, 225, 229, 231, 241, 258, 261, 268, 269
필공畢公 116
필부匹夫 129, 195
필힐佛肸 237

ㅎ
하궤荷蕢 202
하夏나라 46, 51, 53, 55, 189, 212, 216
하늘[天] 53, 57, 94, 103, 116, 121, 122, 124, 149, 162, 201, 242, 264, 268
하대부下大夫 134
하도河圖 123
하수河水 123
한漢나라 16
한중漢中 253
한착寒浞 189
해내海內 253
향원鄕原 240
허난성河南省 121
허물 44, 62, 81, 106, 198, 228, 268
헌憲 → 원사/원헌 23, 85, 188
현능(하나)[賢] 88, 151, 199, 200, 212, 213, 228, 244, 256, 257, 262~264
현능한 사람(들)[賢(者)] 32, 65, 100, 174, 202, 256, 262
형荊(인명) 177
형벌 38, 63, 70, 175, 248, 261
형제 45, 147, 162, 177, 186
호련瑚璉 71
호향互鄕 105
환공桓公 26, 27, 103, 193, 194
환퇴桓魋 27, 103
활 50, 51, 120
황하黃河 123
회回(안회) → 안연 41, 73, 86, 88, 127, 147, 149, 152, 154
효(도)[孝] 30, 32, 34, 39~41, 45, 65, 117, 261
효성스럽다[孝] 147, 182
후직后稷 → 직稷 189
「희공僖公 33년」 → 『좌전』 161